社会主义核心价值体系建设
"双百"出版工程

项 目

/ **100** 位

新中国成立以来感动中国人物/

廷·巴特尔

阿勒得尔图/著

★

吉林文史出版社

《100位新中国成立以来感动中国人物》丛书

★★★★★

编　委　会

前　言

　　每个人的心中都多少有一点英雄情结，都向往英雄、景仰英雄。也正因此，在中华人民共和国建国六十周年之际，由中央十一部委联合组织开展的"100位为新中国成立作出突出贡献的英雄模范人物和100位新中国成立以来感动中国人物"的评选活动中，群众参与投票总数近一亿。这其中的每一张选票，都表达了人们对英雄模范的崇敬之情，寄托着对伟大祖国的美好祝福。

　　一个民族不能没有英雄，否则这个民族就不会强大。当国家危难之时，懦弱者选择了逃避、妥协甚至投降，英雄们却挺身而出，用热血捍卫民族的尊严，人民的幸福。在创立和建设新中国的伟大历程中，涌现出无数可歌可泣的英雄模范人物。他们之中，有为了民族独立和人民解放而英勇牺牲的革命先烈，有为了党和人民的事业而不懈奋斗的优秀共产党员，有在全民族抗战中顽强奋战、为国捐躯的爱国将士，有英勇杀敌的战斗英雄和革命群众，有积极从事进步活动的著名民主爱国人士和国际友人……他们是民族的脊梁、祖国的骄傲，是激励全体人民团结奋斗的精神力量。

　　《100位新中国成立以来感动中国人物》丛书，就像一部星光璀璨的英雄谱，真实、完整地记录了英雄模范人物不平凡的一生，再现了他们非凡的人格魅力和精神世界。舍身堵枪眼的黄继光，拼命也要拿下大油田的王进喜，中国原子弹之父邓稼先，新时期领导干部的楷模孔繁森……一串串闪光的名字，一个个动人的故事，犹如群星闪烁，光耀中华。

　　当今中国正处于伟大变革的时代，迫切需要涌现出一大批勇于承担历史使命、为祖国和人民奉献一切的先进人物。在"双百"人物崇高精神的引领下，在建设社会主义现代化国家的征程中，必将英雄辈出。

生平简介

廷·巴特尔，蒙古族，1955 年 6 月出生。系开国少将廷懋之子。

1974 年 7 月，下乡到内蒙古锡林郭勒盟阿巴嘎旗洪格尔高勒镇萨如拉图雅嘎查。在这片土地上，他已经生活 38 年，奋斗 38 年，贡献 38 年。他以一个共产党员的崇高责任和一名正直牧民的人格力量带领萨如拉图雅嘎查和 93 户牧民走入富裕、文明、健康的社会主义新牧区，使萨如拉图雅草原的经营模式由传统畜牧业、头数畜牧业转变为效益畜牧业、生态畜牧业。

现在，萨如拉图雅嘎查 32 万亩草场全部实现网围栏，93 户牧民全部进入小康社会，人均收入达 1.5 万元。

通电，是牧民生活发生根本性变化的标志，萨如拉图雅嘎查 30% 的牧户用上了常电，其余不能通常电的牧户也都用上了风光互补或风力发电。

廷·巴特尔 1976 年加入中国共产党，1983 年当选为萨如拉图雅嘎查嘎查长，1993 年至今担任萨如拉图雅嘎查党支部书记。

2002 年被评为全国重大典型；

2003 年被评为全国农村优秀人才；

2005 年被评为全国劳动模范；

2009 年被评为 "100 位新中国成立以来感动中国人物"。

2000 年以来，多次被评为内蒙古劳动模范、优秀共产党员、农村牧区优秀人才，获全区绿化模范的光荣称号。

2003 年当选为第十届全国人民代表大会代表；

2007 年当选为中国共产党第十七次全国代表大会代表；

2012 年当选为中国共产党第十八次全国代表大会代表。

1955-
[TING BATEER]

◀ 廷·巴特尔

目 录 MULU

将军和将军之子（代序）

　　无论是过去，还是现在，说起廷·巴特尔，都不可能绕开他的父亲廷懋将军。

　　廷懋于1955年被中央军委授予少将军衔，曾先后荣获中华人民共和国二级独立自由勋章、一级解放勋章和中国人民解放军一级红星勋章。说他是英雄，应该当之无愧。

　　廷懋将军曾任内蒙古军区政委、内蒙古党委第二书记、内蒙古人大常委会主任，集内蒙古党政军大权于一身，说他位高权重，也是事实使然。

　　廷懋将军1935年参加著名的一二·九学生爱国运动，1936年加入中国共产党，1937年参加八路军奔赴抗日前线，跟随黄克诚转战在太行山区。由于是蒙古族，解放战争时期调至内蒙古军区，任政治部第二副主任兼组织部长。当时，内蒙古军区的几个骑兵师组建时间都不长，亟须培养一批优秀的政工干部。廷懋从东北军大、内蒙古军大、自治学院以及各解放区军政干校招来大批学员充实到政工干部队伍，有的还担负团、营领导职务。个别领导对这批干部的能力、才干提出质疑，廷懋坚持"宁弱毋缺、宁缺毋滥"的用人方针，使这批干部在战斗岗位上得到锻炼并最终成为内蒙古军区干部队伍的中坚力量。

　　1952年，根据形势的发展，中央决定内蒙古自治区与绥远省合并，内蒙古党政军机关由张家口迁至归绥市（今呼和浩特），从两省区合署办公逐步过渡到撤销绥远省建制。从军队来讲，如何处理好两大军区机关合并的人事安排，是关系到部队建设、民族团结、边疆稳定的大事。当时的具体情况是，绥远军区机关科以上干部大都是抗日战争时期参军的汉族老干部，内蒙古军区则大都是解放战争时期入伍的蒙古族青年知识分子，且大部分为东部区蒙古人。

　　廷懋时任内蒙古军区政治部主任，面对蒙汉、新老和东西部的特点，他提出"在德才兼备的前提下，蒙汉兼配、新老搭配、东西兼顾"

的用人原则，使两大军区合并最为关键的干部问题得以顺利解决。

廷懋将军出任内蒙古党委第二书记后，直接负责知识青年返城和落实政策工作。廷·巴特尔即使不是第一个返城的知青，最后一个返城总算可以了吧？将军不反对儿子返城，儿子却不要求返城，这就是父子的默契，这就是父子的襟怀，这就是父子的精神。

有人曾说，廷·巴特尔不回城的原因一是因为他结婚了，二是因为他没有文化。在当时的特殊年代、特殊情况下，面对这些冷言冷语，廷·巴特尔没有进行任何辩解，表现出一种超然的淡定。而当今天谈论起那段往事时他却显得有几分激动："根本不是那么回事！当时返城的知识青年中有多少结婚的？有多少没文化的？不是也都回城了吗？"

廷·巴特尔坦诚地说，父亲并没有阻止或拒绝他返城。假如父亲不同意他返城，他完全可以绕开父亲。党委中的其他副书记、政府中的所有副主席他都认识，副书记、副主席们也都知道廷懋书记的儿子在牧区，只要廷·巴特尔开口，他们都会帮这个忙的。廷·巴特尔之所以不返城，一是不想给父亲增加负担和压力，二是在草原上生活没什么不好。理由如此简单，简单得令人难以置信，然而，这些又都是真的。

1993年，北京军区在风景如画的八大处为廷懋将军修建一座小楼，让将军在北京安度晚年。按有关政策规定，同时可以在北京为将军安排一名子女。此时，廷懋将军已经从诸多的领导岗位上退下来，无官一身轻，能在北京颐养天年也是他的一个愿望，他希望廷·巴特尔能陪他进京。当他征求廷·巴特尔的意见时，廷·巴特尔却有些为难了。孝敬父母是天经地义的事，况且父母年事已高，北京的生活环境无论从哪个角度讲都要好于呼和浩特，让父母享享清福，是儿女的责任和义务啊！但他心里装着草原，草原需要他，他更需要草原。

廷懋将军理解儿子、支持儿子。他悄然给北京军区打报告，婉辞了这次进京的机会。如果说廷懋将军身居要职时廷·巴特尔没有返城，是儿子对父亲做出的牺牲；那么，廷懋将军这次放弃进京，是父亲对儿子做出的牺牲。父子情深，深如大海啊！

廷·巴特尔认为自己是草原上的一颗小草，一颗小草是没有任何理由炫耀自己的。出于这样的理念，他拒绝任何采访。2001年，内蒙古党委组织部电教中心就基层党组织建设问题几次联系廷·巴特尔，但都被廷·巴特尔拒绝了。无奈之中，他们向廷懋将军"求援"。廷懋将军站在政治高度、历史高度对这次采访行动给予支持，他在给廷·巴特尔的信中写道："组织上要宣传你，不是因为你个人，而是因为社会发展的需要，时代进步的需要，你要认真、积极地配合采访，为党的事业代言是共产党员不可推卸的责任和使命！"

2002年，廷·巴特尔被中宣部确定为全国重大典型人物。一时间，报纸、电视、广播、网络都在铺天盖地地宣传廷·巴特尔。面对这种声势浩大的宣传，已经九十高龄的廷懋将军冷静地提出，宣传巴特尔是可以的，但一定要实事求是，不要拔得太高，不能太离谱。

廷懋将军认为，廷·巴特尔能够在草原上扎根几十年，不是因为他本人觉悟有多高，也不是因为这个家庭觉悟有多高。他在分析廷·巴特尔成长历程的客观因素时说，一是文化大革命。在文化大革命中，巴特尔遭受的是歧视的目光，侮辱的语言，还经常挨打。这些遭遇促使他心灵中滋生出恐惧感、仇恨感和逆反心理。他在牧区很苦，但这种苦中没有恐惧和仇恨，他在这种苦中体会到的是快乐和幸福。在这种苦中，他的心灵得以完全解放。二是文化知识。建设时期没有文化难当大任。巴特尔的小学、中学都是在动荡、动乱的文化大革命中度过的，没有学到多少知识。他那点儿文化，在城里无异于文盲，而在牧区则大有作为。一个人的能力是重要的，但如何发挥自己的能力更为重要。牧区为巴特尔搭建起平台，巴特尔也充分利用了这个平台。牧民需要啥，他就琢磨啥。牧民需要他，需要就是价值的体现嘛！三是个性问题。巴特尔以和牧民姑娘结婚的方式表达他扎根草原的决心，人一旦下定决心，那决心就不可动摇，他认为好，我们也就认为好。四是家庭对他的影响。我对巴特尔的教育应该属于潜移默化的，我喜欢劳动，我尊重劳动者。农民是劳动者，牧民也是劳动者，巴特尔想在牧区生活就必须劳动，想生活得好一些，就必须付出更多的劳动。巴特尔就是在吃苦耐劳中成长起来的。

廷懋将军生前身后都在影响着廷·巴特尔。廷懋将军生前没有留下任何遗产，死后把骨灰也撒在了大青山上。但他却给廷·巴特尔留下了巨大的精神财富，那就是对党的忠诚，对人民的忠诚，对事业的忠诚。

扎根草原

→ 到草原去

★ ★ ★ ★ ★

人们常说世界上有三大草原，而锡林郭勒草原是这三大草原之一，这三大草原到底是指哪三大草原，在众说纷纭中还梳理不出一个权威的说法来。但锡林郭勒草原的确风景如画，美不胜收，忽必烈总理"漠南军国事务"时所建的开平府就在这令人流连忘返的锡林郭勒大草原的金莲川上，后来那里成为蒙元帝国的第一座首都。

锡林郭勒草原和呼伦贝尔草原比肩并称为内蒙古两大最美草原。锡林郭勒草原是我国最有代表性的温性草原，也是亚欧草原区亚洲东部草原区保存比较完整的原生态草原部分，1987年，被联合国教科文组织接纳为"国际生物圈保护区"网络成员，同时也是我国最大的草原与草甸生态系统类型的自然保护区。

锡林郭勒草原不仅绿草如茵、鲜花锦簇，它还镶嵌着我国十大沙漠之一的浑善达克沙地。浑善达克沙地虽然在20万年前就已经形成，但它的名声突然显赫起来却是在20世纪末期成为困扰北京乃至日本东京的沙尘暴主要源头以后。

1974年7月以前，锡林郭勒草原和浑善达克沙地在廷·巴特尔的心中是陌生的、遥远的和荒凉的，他之所以以九死不悔的精神和百折不挠的意志要到这陌生、遥远而又荒凉的地方开始新的生活，无非是想为自己那颗饱受创伤和摧残的心灵找到一个或许安全一些的避难之所，也是他改变生命轨迹和生存方式的痛苦抉择。医治心灵创伤的最好办法就是自伤自舔，其实大自然的生态功能也基本取决于自我修复，当然是以没有人为的破坏为前提。

文化大革命，大革文化命。

若想梳理廷·巴特尔的成长历史，无论如何都不能回避那场被称为"十年浩劫"的史无前例的无产阶级文化大革命和贻害百万知识青年的上山下乡运动。

我们常说现在的城里人上查三代大都是农民，而廷·巴特尔却截然相反、与众不同，父亲是内蒙古军区政委，祖父是宛平县令，太祖是沈阳知州。抑或与这些因素有关，虽然父亲廷懋是1955年被授予少将军衔的开国功臣，但在文化大革命伊始就被关押起来。年仅 11 岁的廷·巴特尔的命运和著名文学家曹雪芹有着相似之处，都是在一夜之间从天堂跃入地狱，而且都是在乳臭未干的少年时代。

廷·巴特尔成为人人喊打的"街头流浪儿"，面对无情的打骂，他所表现出来的是宁折不弯的凛然正气。一个 11 岁的少年，根本搞不清楚什么是无产阶级，什么是资产阶级；什么是红帮，什么是黑帮。他最基本的心态就是牵挂被迫改造的将军父亲，就是和兄弟姐妹们咬紧牙关，就是和羸弱的母亲一起支撑这个风雨飘摇中度日如年的家庭，就是在被欺负、被辱骂、被鞭打中维护做人的最基本的尊严! 他身上流动的毕竟是将军之血，将门虎子、将军的后代这样面对苦难、磨难和艰难，应该说是历史的选择。

廷懋被关押期间是保密的，是与世隔绝的，直到 1974 年，家里才知道廷懋被关押在距呼和浩特百公里之遥的伊克昭盟准格尔旗沙圪堵公社。

现在的沙圪堵镇是准格尔旗富得流油的地方，而 38 年前的沙圪堵公社却是穷得连裤子都穿不起的地方。1974 年初，廷懋将军从被关押的地方"解放"出来，但还没有完全恢复自由，也没有恢复工作。廷·巴特尔代表全家到沙圪堵接父亲回家，面对被关押六年的父亲他几乎认不出来，但父亲那将军特有的气质却没有丝毫改变，那是父亲在廷·巴特尔心中永远不能改变、也不允许改变的军人形象。见到久违的父亲是感动，接父亲回家是全家人最为殷切的企盼。就是在这次接父亲回家的旅途上，廷·巴特尔第一次在光天化日之下见到赤身裸体的年轻姑娘，这个秘密恐怕将军至死都没能知道，作为将军的儿子，廷·巴特尔是决不会让父亲知道他见过裸女，但那个时代，在沙坨堡见到裸女，已经是公开的秘密，没衣服可穿，又要从事必要的、必需的生产劳动和家务劳动，"裸女"是无法回避的社会现象，其根本原因就是贫穷。

丈夫回来了，儿子却要走了。这对胡淑荣来说，无疑又是一次撕肝裂胆的生离死别。但深明大义的母亲没有更多的阻拦，这是儿子自己的选择，这是父亲支持的选择，作为母亲，同样也要支持这种选择。尽管难以割舍，她还是默默地为即将远行的儿子打点行装，可怜天下父母心啊！

廷懋夫妇一路颠簸把廷·巴特尔和另外两名知识青年送到锡林郭勒盟阿巴嘎旗洪格尔高勒公社，从洪格尔高勒公社前往月光大队（即萨如拉图雅嘎查），不过是 20 多公里的路程，但要穿越浑善达克沙地深处，几乎无路可走，

005
扎根草原

廷·巴特尔劝回执意要送往目的地的父亲，让自己在这段最为难行的路上跋涉。身后，是父母深情注视的目光；眼前，是蓝的天，白的云，红的花，绿的草，当然还有那一个个的沙坨子、沙窝子。

廷·巴特尔是凭借父亲的军用地图选择这片沙地草原的，当他真正置身绿浪滚滚的萨如拉图雅草原，听见高格斯台河清亮的吟唱，他似乎找到了归宿，找到了幸福，找到了希望。笼罩在心头的阴霾顿时一扫而光，因为萨如拉图雅草原上的人们都不知道他是谁，他来到这片草原就是要走出阴霾，走向光明。

草原是牛羊的天堂。奶牛在草原经济中占有不可替代、举足轻重的地位，奶制品不仅是牧民不可或缺的生活中的必需品，也是社会生活中的"走俏商品"。月光大队有一个阿巴嘎旗乳品厂的分厂，廷·巴特尔在萨如拉图雅草原上的第一个落脚点就是这个分厂。

廷·巴特尔踏上萨如拉图雅草原时只有 19 岁，是风华正茂、血气方刚的年龄。他用那双充满好奇也充满思索的眼睛审视着这片他将为之奋斗终生的草原。

草原上牧民的生活环境和生存状态却不容乐观，家家户户都没有行李，白天穿的蒙古袍就是夜里的被褥，白天穿的蒙古靴就是夜里的枕头。

家家户户的蒙古包都有一座长年熬奶茶的大锅，但却没有烟囱，熬茶的烟火长年在蒙古包里缭绕，把蒙古包里面熏得漆黑漆黑的。因为长年的烟熏火燎，主妇们闹眼病的比比皆是，面对这些，廷·巴特尔不是鄙视，而是力所能及地想给予改变，移风易俗也是健康生活的重要组成部分。

廷·巴特尔置身草原，心系牧民，把草原和牧民装在心中，把自己融进草原和牧民当中，正是这种淳朴的感情所驱使，他时时、事事都和草原、牧民联系在一起。

廷·巴特尔刚到萨如拉图雅草原时正值盛夏，是乳品厂生产的高峰期。一转眼便见行行大雁鸣叫着向南飞去。秋天来了，乳品厂也渐渐冷清下来。为准备第二年的生产，乳品厂要更换一批包括奶桶在内的必要设备。大队支书在几个月的观察中认为廷·巴特尔这个小伙子既实在又聪明，还透着一股机灵劲儿，就派他到公社去购买或定做奶桶。

洪格尔高勒公社只有一家铁匠铺，廷·巴特尔进去后并不急于买东西，而是东一句西一句地和老师傅拉起家常来，时不时地给老师傅点点烟、倒倒水，蛮得老师傅的喜欢。就是在和老师傅的攀谈中廷·巴特尔了解到，买成品奶桶比买铁皮自己打制价格差一半还多，这就是手艺的"金贵"之处。

老师傅见眼前这个小伙子能说会道的，就半开玩笑地说："你要是想学白铁活儿，我教你！"

廷·巴特尔赶紧往前凑凑："老师傅，我还真想学呢！"

廷·巴特尔不愧是从大城市来的知识青年，他没有按照老支书的嘱咐把奶桶买回去，而是自做主张买了几十张铁皮和必要的工具用牛车拉回乳品厂，这也算先斩后奏吧！他对老支书说："现成的奶桶太贵了，我也学过铁匠，买铁皮自己做便宜多了。用省下来的钱多买几张铁皮，给牧民打几节烟囱，还能改变一下我们的生活环境呢！"

老支书居然对廷·巴特尔会铁匠活儿深信不疑，他的思维逻辑是大城市来的年轻人什么都能干，什么都会干。

廷·巴特尔已经没有退路，尽管他在老师傅那儿掌握了"白铁活儿"的基本要领，但毕竟自己没有做过，免不了心里发毛、发怵，所以他不敢大张旗鼓地白天操练，等到夜深人静之时，他才开始计算、划线、下料、咬合，整整忙活一夜，奶桶做出来了，烟囱也做出来了，廷·巴特尔给萨如拉图雅草原带来一场革命，萨如拉图雅草原也敞开胸怀接纳这位来自首府的知识青年。

乳品厂冬天要停产，但廷·巴特尔却忙得热火朝天，当他"叮叮当当"地把所有牧民家里的烟囱都敲打出来的时候，他感觉到冷清得不能再冷清了，寂寞得不能再寂寞了，孤独得不能再孤独了。春节将临，就在他敲敲打打的时候，四十多名知青都相继打点好行装,悄然回城过年去了。和家人团聚，沉浸在温暖之中，大鱼大肉果腹，这都是人之常情啊！

廷·巴特尔何尝不想回家过年啊！爸爸刚被"解放"出来半年多，身体恢复得怎么样，他能不牵挂吗？母亲期盼他回到身边的那份渴望，他能不知道吗？然而，他却决定留在牧区过年，这种决定看似简单，其实需要极大的毅力。

廷·巴特尔是蒙古人，但他是城市蒙古人，来到牧区半年的时间里大多和知青们在乳品厂里劳动，交流的语言也大都是汉语。现在，知青们都回城过年去了，也就是说他用汉语交流的对象暂时没有了，所以他认为这是学习蒙语的最好机会。

廷·巴特尔决定在牧区过年的消息经过他的好朋友道布钦苏荣、照日格图和宝音德力格尔的策马宣传，萨如拉图雅草原上的每家牧户都知道了。

世世代代、祖祖辈辈在这草原上、在这沙窝子里生活的牧民没有什么花言巧语，有的则是真诚和质朴。逢年过节，穿上崭新的蒙古袍风光风光是再寻常不过的事情了，但作为知识青年，廷·巴特尔还没有蒙古袍，而这一点早被几位老额吉看在眼里、记在心上了，老姐妹们你一针我一线地愣是在春节前为廷·巴特尔缝制出一件天蓝色缎面的蒙古袍，穿上这件簇新、得体的蒙古袍，廷·巴特无法抑制那种从心底奔涌而来的兴奋和幸福感，任凭泪水汪洋恣肆，嘴角却荡漾着微笑的涟漪。

马是草原上的交通工具，骑马也是蒙古人

△ 廷·巴特尔在草原上

生活、生产中不可或缺的要素。道布钦苏荣是萨如拉图雅草原上最好的骑手，他自告奋勇，为廷·巴特尔训马，教廷·巴特尔骑马。

牧民的蒙古包极为分散，不像农村那样整齐划一、井然有序。但按照牧区习惯，大年初一天刚蒙蒙亮，所有的男人都要骑上最好的骏马，穿上最好的蒙古袍，成群结队地挨家挨户拜年。几十户人家，散落在几百平方公里的草原上，一天跑下来也不是容易的事情。每到一户人家，受到的接待都是极为热情的，喷香的手扒肉，浓醇的奶茶，还有那烈性的白酒。

向客人敬酒是按年龄大小排序的，在这支队伍中廷·巴特尔显然是个新兵，什么规矩呀、礼节呀，他还时不时地需要道布钦苏荣等人的关照。但道布钦苏荣他们有时故意"关照"得过了头。主人倒上满满一银碗酒，排在最前面的客人先接过来喝一口，依次下推，最后轮到廷·巴特尔，道布钦苏荣悄声说："最后喝的一定要喝干，这是牧区的规矩。"

廷·巴特尔不想因为自己而使这规矩被破坏，他每次端起银碗，不管剩多少都是一饮而尽。

1975年正月初一，廷·巴特尔平生第一次酩酊大醉，这也是他这么多年来的第一次醉酒。后来他知道，草原上根本没有这样的"规矩"，只是道布钦苏荣他们搞的恶作剧而已。但通过这次醉酒，廷·巴特尔对酒还真进行过认真的琢磨和研究。国宴上都离不开酒，在普通人们生活中还能缺少它吗？但他对自己说，我可以不喝，他基本做到了。

→ **做真正的牧民**

⭐⭐⭐⭐⭐

广袤无际的草原是一棵棵草根根相连、心心相印而组成的，一棵草不可能称其为草原。廷·巴特尔是一棵草，但他把自己很自觉地融进了萨如拉图雅草原，所以我们在萨如拉图雅草原上就能看到廷·巴特尔的力量。

1975 年冰河解冻、残雪消融时节，枯黄一冬的萨如拉图雅草原又抹上一层新绿，沉寂一冬的乳品厂也重现生机。而这生机的"核心"却是廷·巴特尔，在新的生产期开始时，20 岁刚出头的廷·巴特尔被任命为乳品厂厂长。新官上任总要有新的招数和门路，廷·巴特尔首先改变的是手工作坊和传统的生产方式，使当时的生产工艺接近于呼和浩特青山乳品厂的工艺，但又把产品配方进行大胆改进，使产品立刻走俏起来。人们都知道，素有"北大荒"之称的黑龙江，那个年代是奶粉生产大省，而名不见经传的萨如拉图雅乳品厂生产的奶粉居然能打进黑龙江市场，而且黑龙江乳品生产厂家还不远千里来取经。直到现在，每谈及这件事，廷·巴特尔都认为是他的骄傲。这年年底，几十个知青鼓捣的小乳品厂居然创造出纯利润50000元的奇迹，在萨如拉图雅草原上，这是破天荒的奇迹啊！

乳品厂属于萨如拉图雅大队，而这年年底大队却因"分红"而陷入困境。

在萨如拉图雅大队多少年来因循着这样一个"怪圈儿"：或是大队欠牧民的，或是牧民欠大队的，而用于流通的基本上是牲畜，很少有现金兑现的时候。今年的"分红"又遇到这种现象。从账面上看，牧们应该分到18000元现金的红利，但大队连1元钱也拿不出来，只是例行公事，在年终牧民大会上公布一下了事，牧民也都习以为常了。然而，坐在牧民中间的廷·巴特尔却突然站起来，大声说道："不能这样念念账本了事，我们要对得起牧民，让辛苦一年、劳累一年的牧民拿到他们应该拿到的那份红利。"

意外杀出的一匹黑马，把草原上的那个夜晚给搅得星星都落下来了。

不仅主持会议的老支书白乙拉愣神儿了，就连参加会议的全体牧民也都不知道廷·巴特尔这葫芦里卖的是什么药。

等到大家稍微安静下来，老支书白乙拉十分不解地说："我们这儿多少年来都是这样。不这样，你说咋办呢？"

廷·巴特尔也让激动的心绪平静下来，他非常诚恳地说："我是乳品厂厂长，今年乳品厂净赚 50000 元，可以从这 50000 元中拿出 18000 元给牧民们分红啊！"

老支书斩钉截铁地说："不行，那是乳品厂的钱！"

廷·巴特尔反问："那乳品厂是谁的呢？"

是啊！乳品厂是谁的呀？廷·巴特尔的这一"问"，使老支书混沌了几十年的脑子里透进一丝灵光，我们对老支书是同情和理解的，他几十年没有离开过草原和沙坨子，他的那份坚守也是无可厚非的。

乳品厂是萨如拉图雅大队的，乳品厂的利润萨如拉图雅大队有权进行分配。

18000 元，90 户人家，平均每户分到红利 200 元，这是建国 26 年来萨如拉图雅草原上人们第一次分到红利。

1976 年 10 月 7 日，"四人帮"被粉碎。

1976 年 11 月 20 日，廷·巴特尔加入中国共产党。

1977 年 9 月，恢复高考。

历史是一部大戏，这些都是大戏中的情节。而这些情节又都和生活在萨如拉图雅草原上的廷·巴特尔有着千丝万缕的关系。

知青返城是当时的社会潮流，而且是每个知青都要面对的潮流。

廷·巴特尔是将军之子，这是不可磨去的人生痕迹，这时，他的特殊背景再次面临被所有人的审视。

廷懋将军文化大革命结束以后的职务是内

△ 廷·巴特尔家的夏季牧场

蒙古党委第二书记、内蒙古军区政委、内蒙古人大常委会主任，集党、政、军大权于一身，而且具体分管知青安置工作，近水楼台，这才是真正意义上的近水楼台。

如果能有一个知青回城，那可能就是廷·巴特尔，和他同在萨如拉图雅草原上的知青这样认为，甚至这也是当时社会的一种普遍看法。

事实却截然相反，廷·巴特尔压根儿就没想回城。

儿子在草原上入党，廷懋将军非常高兴，他送给儿子一本鲜红的《党章》作为纪念；儿子在草原上创业，磨炼成一个真正的牧民，并且心里装着草原和牧民，廷懋将军非常欣慰。

廷懋将军恢复工作后又搬回军区大院住，此时正赶上廷·巴特尔回呼和浩特市办事，却被警卫堵在门口愣是不让进家，在警卫眼里，廷·巴特尔是一个地道的牧民，内蒙古军区政委的儿子怎么能是牧民。若不是母亲接到电话出来"救驾"，廷·巴特尔不知还要和警卫争执多久呢！在这个颇为风趣的"小故事"上，廷懋将军深深地感到儿子的确牧民化了，他就是萨如拉图雅草原上的一棵小草！

人非草木，孰能无情。尽管廷懋将军对子女要求非常严格，但他是党的干部，他在执行和落实党的政策，廷·巴特尔回城也在政策允许范围之内，只要是不图好工作、不谋官位子，在任何时候、任何情况下也都是说得过去的。

廷懋将军尊重的是儿子自己的选择，而他对这种选择给予的是坚强有力的支持。不仅是语言，还有行动。

　　内蒙古和全国一样，处在拨乱反正、百废待兴的特殊时期，廷懋将军身为党委第二书记工作有多繁重可想而知，但他还是忙里偷闲把那份父爱、把那份亲情、把那份关怀传递给很少回家的儿子。他在和儿子的多次交谈中已经完全了解儿子的全部心思，他留恋草原、扎根草原完全是因为他对草原的挚爱和草原对他的接纳，这里没有水分，没有虚伪，没有造作。回到城里，廷·巴特尔肯定不会给社会添乱，但也不会有什么大的作为；但在萨如拉图雅草原上他是个能人，他是牧民们的希望。

　　廷·巴特尔到草原后，是牧民教会他如何制作马鞍子、马嚼子、马绊子等生产、生活用具，但牧民教给他的都是传统工艺，适用不耐用。廷·巴特尔天生有钻劲儿，爱琢磨事儿，他跟墨守成规、因循守旧不沾边儿。在吸取传统工艺优点的基础上，他破开胆进行创新和革新。买来的皮子质量不过关，他就自己学熟皮，在实践中摸索出碱和硝的最佳配比，以至他做出来的马鞍子、马嚼子、马绊子像艺术品，但更是耐用、好用的生产、生活工具，萨如拉图雅草原所有牧民家里都有廷·巴特尔亲手制作的马具，试想，这样的人，草原和牧民能不需要吗？

萨如拉图雅草原上的牧民常年以肉食为主，粮食和蔬菜极为鲜见。即便是有白面，也只是擀擀面条而已。廷·巴特尔从小在城市家庭中生活，潜移默化地知道饮食的多样性有利于身体健康，甚至有利于思考。他想改变牧民的饮食结构和饮食习惯。他从蒸馒头做起，蒸馒头需要笼屉，供销社里有卖的，但让牧民掏钱买那玩意儿，牧民会嗤之以鼻的。如果想让牧民从心里接受，那还得自己做。从做笼屉到箱子、衣柜、饭橱等家具，廷·巴特尔让萨如拉图雅草原上的生活平添许多前所未有的新鲜内容，这样的人，草原和牧民能不需要吗？

草原和牧民的需要，就是廷·巴特尔的生命价值，就是他不能离开草原和牧民的根本原因。

廷·巴特尔用自己的铁匠手艺、皮匠手艺、木匠手艺使萨如拉图雅草原上人们的生活发生着巨大变化，被不善言谈的老支书白乙拉看在眼里，记在心上。在他的心中，或许没有"培养"这样的词汇，但"训马"则是草原上家喻户晓的事情。

廷·巴特尔日渐成为草原上的一匹"良驹"，他先是被委以副队长兼林场场长、农场场长和乳品厂厂长，继而出任队长。他经营乳品厂的第一年就创造出纯利润 50000 元的"草原奇迹"，他有挣钱的门道儿，他也知道怎么去挣钱，当他出任队长时，面对坐在队部里黑压压的牧民，他发出宏愿和血誓，要让队里的公共积累达到100万！

⟶ 拥抱爱情

★★★★★

廷·巴特尔扎根草原的决心不会动摇，也不可能动摇了。既然如此，爱情、婚姻、家庭就潇潇洒洒地走到廷·巴特尔面前说：你该考虑"我们"了。

廷·巴特尔曾经考虑过，同在一个屋檐下的女知青也曾向他频频地暗送秋波，对这些他都是以坚如磐石的态度给予拒绝，当然，表达方式还是要尽量地委婉和含蓄。他之所以不和女知青搞对象、谈恋爱，其原因简单得不能再简单，那就是不想回城，那就是对草原无以复加的迷恋情绪。如果和女知青恋爱、结婚、生孩子，即便海誓山盟、信誓旦旦，要和你厮守一辈子，但是，知青返城是大势所趋，人家要回城，你有什么权利阻拦，非但如此，还要拉上你一道回城，这也无可厚非。是厮守一辈子，难道回城就不是厮守一辈子？如果你坚决不回，那你就高尚你的吧，那你就伟大你的吧！家庭悲剧在所难免，也给社会徒增不必要的负担。

廷·巴特尔把在草原上生活当作一种"修行"，"修行"是不能中断的；不中断，就必须找一个牧羊姑娘和你终生为伴。

社会上有一种广为流传的说法，当人们确切认定廷·巴特尔真的不会离开草原时，道布钦苏荣兴奋地对廷·巴特尔说："我有两个妹妹，你挑一个吧！"这个情节，甚至被写进廷·巴特尔先进事迹的报告里。三十多年后的现在，当被"逼问"此事时，廷·巴特尔还是显得无可奈何的样子，怎么可能呢？人家这样编排，大概为的是增加一种戏剧效果吧！

道布钦苏荣是萨如拉图雅草原上最勇敢、最出色的骑手，廷·巴特尔敬仰他、钦佩他、羡慕他，自然和他的交往要比其他牧民多一些，经常出入他的家也是情理之中。

额尔敦其木格是在无意识、不知不觉中走进廷·巴特尔心里、眼里的。

廷·巴特尔19岁来到萨如拉图雅草原时，额尔敦其木格是一个年仅 13 岁的牧羊姑娘。

达日加和额仁钦玛是养育八个孩子的英雄父母，额尔敦其木格排行老六，是最小的女儿。通常应该是家里最受宠的"公主"，而事实上，额尔敦其木格在这个家庭中干活最多、受苦最多、挨累最多，还有，父母对她的打骂也是最多的。

廷·巴特尔对额尔敦其木格最初的感情是怜悯而绝不是爱情，在城里，一个 13 岁的女孩儿，无疑是一朵烂漫的小花儿，而在牧区，她完全是家里不可或缺的主要帮手，随着年龄的增长，或许将成为家里的"顶梁柱"……

若干年后，偌大的萨如拉图雅草原上只剩他一个知青的时候，当道布钦苏荣坐在草地上和他谈论婚事的时候，18 岁的额尔敦其木格突然在廷·巴特尔心中舞动起来，她应该是自己在草原上的终身伴侣。两个男人坐在一起是没有什么需要回避的，廷·巴特尔直截了当地把自己的想法和盘托出，道布钦苏荣喜出望外，他早就想把廷·巴特尔拉入他们这个家庭里了。他多少次在心里想，只要廷·巴特尔不回城，我就让他成为我们家里的人。

说出心里话，廷·巴特尔有些忐忑地问道布钦苏荣："额尔敦其木格肯嫁给我吗？"

道布钦苏荣没有正面回答，他不知道妹妹的心思，也不可能正面回答,但凭第六感觉,他认为这事有谱儿。他对廷·巴特尔说："我创造条件,你去和她谈！"

廷·巴特尔和额尔敦其木格的恋爱是在草原上开始的,但却没有《敖包相会》所唱的那么浪漫和抒情。

道布钦苏荣说到做到,在很短的时间内就为他们创造了见面的机会。机会难得,廷·巴特尔单刀直入："我决定做一辈子牧民,在草原上生活一辈子,你愿意嫁给我吗？"

在额尔敦其木格心中,廷·巴特尔是顶天立地、呼风唤雨的男子汉,草原上的事儿没有他不知道的,草原上的活儿没有他不会干的,草原上的困难没有他克服不了的,而面对这样的终身选择,她只说出两个字："愿意！"

一字千钧,两个字有多重？这两个字"砸"得廷·巴特尔心花怒放、热血沸腾！

啊,这就是爱情！

当时订婚、结婚,时兴"三大件",即自行车、缝纫机和手表。利用另一次单独见面的机会,廷·巴特尔问额尔敦其木格要什么。对于廷·巴特尔的家庭来说,拿出其中的任何一大件、甚至全部"三大件"做聘礼是没有任何问题的,廷·巴特尔成竹在胸,但姑娘的回答却令他意外和吃惊："除你这个

△ 廷·巴特尔与妻子额尔敦其木格在草原上

人以外，我什么都不要！"

廷·巴特尔从心底涌出一股想拥抱这个牧羊姑娘的冲动，然而，仅仅是冲动而已，并没有付诸行动，因为那是在 20 世纪 70 年代的萨如拉图雅草原。

廷·巴特尔给父母写信征求对这门亲事的意见，又让廷·巴特尔意外的是，父亲的回信和母亲几乎同时来到萨如拉图雅草原。

在那个年代，廷·巴特尔已经属于大龄

青年，大龄青年的婚事出现眉目，作为母亲，那该是何等的高兴啊！客观地说，在父母那里，廷·巴特尔的婚事是他们的心结，是他们的心病，但为了充分尊重廷·巴特尔的选择，他们尽量绕开这个话题。这次，廷·巴特尔自己提出来了，父母也必然要摆上"议事日程"了。

母亲的到来让廷·巴特尔感到兴奋和意外，而廷·巴特尔坚决不让母亲和额尔敦其木格见面，却让母亲感到懊恼甚至愤怒。一个六十多岁的老人，颠簸千八百里路，来到萨如拉图雅草原上的唯一目的就是想见见这个未来的儿媳妇，这要求过分吗？这要求有悖情理吗？显然都不是。廷·巴特尔在心里拨拉着自己的"小算盘"，额尔敦其木格是草原上长大的牧羊姑娘，如果达不到母亲的"审美"标准，那该如何是好啊！

母亲怅然若失地离开萨如拉图雅草原，但那份对游子的牵挂也更为强烈，一切等到结婚吧！

廷·巴特尔的"新房"是萨如拉图雅草原上最小的蒙古包，也是萨如拉图雅草原上最漂亮、最精致、最典雅的蒙古包。

1981年10月，在这座蒙古包里，廷·巴特尔和额尔敦其木格的新生活开始了。

1982年9月2日，随着一声啼哭，一个新生命来到家里，她是廷·巴特尔和额尔敦其木格的爱情结晶——女儿阿拉腾陶格斯。

→ 心里有一杆秤

★★★★★

　　如果说阿拉腾陶格斯给廷·巴特尔带来的是欢乐和幸福，那么始于1983年夏天的"草畜双承包"给廷·巴特尔带来的则是苦恼和烦闷。

　　萨如拉图雅草原是国家的、集体的，廷·巴特尔从来到萨如拉图雅草原那天起，就把这草原装在心里了。

　　32万亩草场、16000多头（只）牛羊，一夜之间要分到93户牧民家里，从哪儿下手啊！

　　在分草场、分牲畜的原则问题上，廷·巴特尔的观点和党支部书记敖其尔的观点产生激烈碰撞，碰撞的声音使整个萨如拉图雅草原都震荡起来。

草原是封闭的、传统的，这种封闭和传统形成的习惯势力在这场前所未有的分草场、分牲畜的行动中凸显出来，并大有不可阻挡之势。然而，草原上的人们又是善良的、纯朴的、可亲可敬的，一旦把道理说明白，他们会使出浑身解数支持你的工作的。即使大队要解体，首先要解决的是连环债务问题。大队欠牧民的，牧民欠大队的，如同一团理不出头绪的乱麻。如果债务问题得不到根本解决，即使把草场和牲畜分到家里，牧民那种背债生活的心理包袱永远都不可能放下，怎么能让为集体辛苦几十年的牧民背着沉重的心理包袱匍匐而行呢？

廷·巴特尔刚出任队长时曾发誓要使公共积累达到100万，这个目标看来已经无法实现了，但是已经积累的18万这时却派上大用场了。

入社时，每个牧民都有股份，现在大队即将解体，那就先将股金退给牧民。18万，成为启动萨如拉图雅大队"草畜双承包"的源头活水，每一户牧民都拿到了应得的股金。

第二步清债。牧民所分得的股金根本不是所欠债务的数目，用股金是不能偿清债务的。

廷·巴特尔给牲畜作价，一头牛带一头牛犊50元，一匹马带一匹马驹50元，一只羊带一只羊羔6元钱，买得起吧？廷·巴特尔极力动员牧民买牲畜，家家户户都多多少少地买回几头（只）牲畜，买牲畜干什么呢？还债。不管牧民欠大队多少债务，只要把刚刚低价买的牲畜还回来，债务就一笔勾销。

大队不欠牧民的了，牧民也不欠大队的了。困扰大队和牧民几十年的债务链条，廷·巴特尔只砍出"两板斧"就迎刃而解，这在萨如拉图雅草原上完全称得上一场革命。

草场和牲畜按什么标准去分，国家没有明确规定，一切都在自己把握。

不同声音，又纷纷出现。

老支书敖其尔提出，按劳动力进行分配。这是他的"小九九"。在牧区，男女牧民都算劳动力，而在牧区生活的汉族手艺人如大夫、木匠、老师等都是一个劳动力，他们的妻子属于家庭妇女，老支书的提法显然有一种歧视的意思在里面。

廷·巴特尔找老支书谈心。如果每个劳动力分 50 只羊，你家两个劳动力分 100 只羊，我家也两个劳动力，自然也要分 100 只羊，两家一样。如果按人口分，你家 8 口人，能分到800 只羊，我家 3 口人，只能分 300 只羊，你看哪种分法划算呢？

这笔账，老支书没有算过，现在明白了，

但他还有所顾虑："那……"

廷·巴特尔知道老支书"那"后面指的仍然是大队那为数不多的几户汉族人家。

廷·巴特尔很尊重这位老支书。作为支部书记，他曾骑马到旗里参加过三级干部会议，那是他有生以来走过最远的路，到过的最大的地方。这种生活的局限性反映在思想和认识上在所难免。

廷·巴特尔很动感情地和老支书促膝而谈：咱们这天下是共产党的。在共产党的天下，56 个民族都是平等的。而在我们萨如拉图雅草原上就应该出现不平等？你我可都是共产党员啊！共产党员就要模范执行党的政策，这是天经地义的常理啊！再说了，我们队里这几户汉族兄弟，什么时候没帮我们的忙呢，我们离不开他们，谁也离不开谁，谁家没请大夫看过病？谁家没请木匠做过家具？谁家的孩子没跟老师学过文化？到头来，分草场了，分牲畜了，就不待见人家了？感情上能吃得消吗？

道理是需要讲的，道理讲明白了，思想也就通了。老支书和廷·巴特尔的一席长谈，不仅自己的思想观念彻底转变过来，他还现身说法，主动去做那些和他有类似想法的牧民的工作。

萨如拉图雅大队不但给汉族兄弟一视同仁地分草场、分牲畜，而且分给汉族兄弟的是最好的草场和牲畜。

创业草原

→ 创业艰难百战多

☆☆☆☆☆

1984 年大年初一。

廷·巴特尔没有像往年一样骑着骏马挨家挨户地去给牧民拜年，因为他今年没马可骑了。比这更为可怕的是他家通往外界的所有道路都被大雪封住了。

在草原上，健壮的马是开路先锋，有马就有路。廷·巴特尔分到的是萨如拉图雅草原上最懒的劣马，骨瘦如柴，别说是开路，就是那条命也朝不保夕。

萨如拉图雅草原上的牧民没有、也不可能忘记被困在雪窝子里的廷·巴特尔一家。一队人马奔驰而至，在廷·巴特尔的蒙古包前踏出一条雪路，廷·巴特尔感动的两只眼睛潮乎乎的，和这样纯朴而又热情的牧民在同一片草原上生活，是一种满足和一种幸福。

春风又一次把草场吹绿，但今年的生产方式却不同于以往任何一年。草场分了，牲畜分了。然而，分到草场和牲畜的牧民，都有管理草场和饲养牲畜的能力吗？廷·巴特尔在反复思考这个看似简单但实际上确是非常严肃的问题。他得不出结论，他找不到答案，于是，他信马由缰地在草原上转悠起来。

人民公社变为苏木，生产大队变成嘎查。廷·巴特尔现在的职务也由队长变嘎查长，他仍然觉得自己肩负着某种不可推卸的历史责任。

廷·巴特尔不经意间走进一片草场，这片草场的变化让他触目惊心。这是萨如拉图雅最好的草场，往年草都能没膝，而现在草低得连老鼠肚子都刮不到。

这片草场属于布和朝鲁，布和朝鲁就在这片草场上放羊，他的羊群大得就像天上掉下来的一块儿云彩。

廷·巴特尔和布和朝鲁攀谈一阵子，基本把问题搞清楚了，布和朝鲁这群羊有900多只，一半以上是代人放牧，旗里、苏木有好多干部都用这种方式养羊，每只羊每年放牧费2元钱。廷·巴特尔的脑袋天生爱算账，他坐下来又开始帮布和朝鲁算账，算来算去把布和朝鲁给算恼了，他大为恼火地吼道："草场是我的，我愿意养多少羊就养多少羊，你管得着吗？"

是啊，管不着，的的确确管不着，廷·巴特尔从来没有把权力当回事儿，可今天他突然意识到权力的重要性。

超载放牧是草原沙化的罪魁祸首，萨如拉图雅草原紧邻浑善达克沙地，这样毫无节制地泛滥下去，用不了几年萨如拉图雅草原就会被浑善达克沙地无情地吞噬掉。他心急如焚却又无能为力。

廷·巴特尔闷闷不乐地回到家里，从未有过的沮丧、孤独和落寞铺天盖地地向他的心头袭来，犹如一颗颗呼啸的子弹穿过他的胸膛。

冬天和白灾不期而遇，先后降临到萨如拉图雅草原上。廷·巴特尔家分到的牲畜大部分冻饿而死，仅剩 9 头牛给他留下些许希望。

廷·巴特尔曾经让乳品厂实现利润 5 万元，曾经使集体积累达到 18 万元，曾经成功破解困扰人们几十年的债务链条。这许许多多的"曾经"都从不同视角诠释过他的能力和才干，但这些"曾经"毕竟属于过去，也只能证明过去。

1984 年，廷·巴特尔迈出生命的第三十个年轮，三十而立。就在这一年，他在自己能够说了算的草场上布局谋篇、规划未来，并开始真正意义上的草原创业。

廷·巴特尔分到的草场是萨如拉图雅草原上最差的草场，但这片草场为什么最差？因为这里过去是大队的夏营盘，中间还有一条河，几乎全大队的牲畜都要到这条河里喝水，沙化严重的根源就在这里。而现在这片草场属于自己，自己那少得可怜的十几头牲畜无论怎样吃草、怎样喝水，都不可能伤着这片草原的筋骨。只要用心去呵护这片草场，在不远的将来就会出现"风吹草低见牛羊"的景象。

廷·巴特尔夫妇带着这种乐观情绪进行最为艰苦的劳动。

廷·巴特尔是萨如拉图雅草原上第一个建起网围栏的牧户。不用说买水泥桩、铁丝网要花去他们多少血汗钱，埋桩、拉网的劳动强度有多大，没有亲身实践的人，是根本想象不出来的。

早晨的星星还没有落，廷·巴特尔和额尔敦其木格就出现在劳动现场，晚上的星星都出来了，他们还没有收工。就在廷·巴特尔夫妇生活最为艰难、最为贫困、最为忙碌的那段日子里，廷·巴特尔的一位表姐来到萨如拉图雅草原，回城后，她在第一时间把廷·巴特尔的窘境转告给廷懋将军夫妇。

可怜天下父母心。廷懋将军夫妇每有闲暇，最先想到的就是在草原上拼搏的儿子，他们也议论过儿子的生活，但没想到儿子的生活能落魄到这种地步。

两位老人坐不住了，他们要到草原上来亲眼看看儿子的生活状态，更让老人放心不下的是还没有见过面的小孙女。

1984年盛夏，身为内蒙古党委第二书记的廷懋将军轻车简从，悄然来到萨如拉图雅草原。

廷懋将军已年届七旬，但仍精神矍铄，容光焕发。他身着便装，脚穿布鞋，不管见到谁，都是热情地打招呼，慈祥而又和蔼。

廷懋将军特别注重调查研究，他始终铭记毛泽东的教导，没有调查研究就没有发言权。在晨曦中，在晚霞里，人们都能看到他在草原上徒步而行的身影。廷·巴特尔近6000亩的草场上几乎都留下了老人的足迹，哪块草的长势好，哪块沙地裸露的多，他都认真地记在小本本上，犹如战前侦察地形那样。老人毕竟年事已高，腿脚也不那样利落，廷·巴特尔就劝老人多休息休息，而老人总是乐呵呵地回答："走走好，走走好啊！"

廷懋将军来到高格斯台河边，语重心长地对跟在身边的儿子说："什么是草原？草原上要有草，要有绿色！没有草，没有绿色，那是荒原，那是戈壁，那是沙漠。我在你这块草场里转悠了两天，还真不怎么样，从四面八方汇聚到这里的牛道儿，犹如在草场上割开的一道道口子，也像扔在这草场上的一张破渔网。尤其是这河两岸被牲畜踩踏而寸草不长的地方，板结得厉害啊！草场的元气已经大伤，仅仅靠草场的自然恢复恐怕不行，你还得适当地种些草、种些树啊！"

父亲站得高，看得远，想得深，廷·巴特尔由衷地佩服。

千百年来，在草原上生活的人们完全相信自然、依赖自然，草的品种多少、长势好坏全部听天由命。廷·巴特尔要在草原上种草，这的确是新鲜事儿，古往今来还没有听说过谁在草原上种过草。

廷·巴特尔和额尔敦其木格每天赶着牛车、拉着草籽、挂着耙犁，在草场上尽情地播种。这些草籽都是父亲捎来的优良品种，在他们眼里一颗草籽就是一粒"金豆子"。年复一年地种草，年复一年地收获，最终他家的草场没有一块裸露的沙地，草的密度比其他草场的大，草的品种比其他草场的多。

廷·巴特尔种草和种树是兼顾的。

廷·巴特尔种树也不盲目，他先按照理论说法的正常深度种植 1000 棵插条，又按照自己的想法也种植 1000 棵插条。天旱无雨，他却叮咛妻子不要浇水，以便检验插条在原始状态下的生存能力。试验的结果是正常深度的插条几乎全都枯死，而深埋的插条在地下30厘米处生根，往下部分成为吸取水分的吸管儿，有了充足水分的保证，深埋的插条全部成活。

额尔敦其木格为那枯死的1000棵插条而心疼，廷·巴特尔却不那么想，他认为是花钱买经验，他的实践把原来的理论彻底颠覆，也找出了原来植树为什么成活率低下的根本原因。因地制宜，在萨如拉图雅草原种树，就得相对深埋，只有深埋，才能保证成活率。

廷·巴特尔拍拍额尔敦其木格的肩膀："我们进行插条试验虽然有点损失，但把我们的经验传递给牧民，他们就没有损失了！"

廷·巴特尔的草场上红柳、黄柳、沙棘、沙地柏等灌木、乔木错落有致，蔚为壮观，犹如一幅油画！

廷·巴特尔种树的成功经验引起锡林郭勒盟和阿巴嘎旗林业局的高度重视，一些种树项目也先后落户萨如拉图雅嘎查，一个沙地柏种植基地、两个黄柳种植基地的育成树苗正在锡林郭勒草原上苗壮成长。一株两年生的沙地柏种苗市场价为5元钱，萨如拉图雅嘎查每年向全盟能够提供40万株种苗，又是一笔可观的经济收入，它更为重要的意义在于能为防沙固沙筑起一道绿色屏障。

在草原上，将军的确看到了儿子的清苦和清贫，但他也看到了儿子的未来和希望。对于草原的保护，儿子或许说不出更多、更深刻的道理，但儿子的行动却在说明保护草原的重要性和必要性。更为难能可贵的是，面对牧民的不理解，面对如此的艰难困苦，儿子没有动摇扎根草原的坚定信念，而且还以更深刻的思考和更顽强的毅力，身体力行、率先垂范地去建设草原、影响牧民，能做到这一点实在不容易，将军对儿子也有敬佩之情，他把这份敬佩深埋心底，绝不会轻易地流露出来。

母亲的心肠和父亲有所不同，看到疲惫、憔悴的儿子一脸倦容，她心如刀绞，老泪纵横，儿子是妈身上掉下来的肉啊！到草原上生活，虽然是他自己的选择，那也是特殊年代环境下的特殊选择啊！时过境迁，环境变了，条件变了，唯独廷·巴特尔扎根草原的心没有变。母亲曾不止一次地想让儿子回到自己身边，不图荣华，不图富贵，只图一家人的团团圆圆。母亲知道，这是不可能实现的美丽奢望，现在所要做的、所能做的，就是尽最大可能和力量，给儿子更大的支持和更多的关怀！

孙女！那个蹒跚学步、牙牙学语、憨态可掬的乖孙女正在奶奶怀里撒娇儿。

儿子、儿媳披星戴月、夜以继日地忙碌在草场上，大人吃点儿苦就算了，但怎么也不能让刚刚一岁半的孩子和大人一样受苦啊！

我来抚养孩子！母亲因为自己萌生出这样的想法而激动，她趁儿子、儿媳不在身边，把自己的想法说给廷懋将军听，将军灿然一笑："我们俩不谋而合呀！"

我们舍不得儿子，儿子能舍得女儿吗？廷懋将军夫妇的心胸和视野就是宽阔，他们有能力、有条件把孙女抚养好，必须征得儿子、儿媳的同意，特别是儿媳，她没有读过书，草原固有的传统在她心里根深蒂固，她会同意爷爷、奶奶把孙女带走吗？

儿子想得通，但儿媳正如他们想的那样，说什么都不肯答应，甚至上厕所都把孩子放在身边，唯恐谁突然把"宝贝"抢走似的。

一家人都陷入亲情的纠葛当中。

父母要走了，廷·巴特尔悄悄地对老人说："额尔敦其木格的工作我能做好，陶格斯会到二老身边去的。"

廷懋将军夫妇相信儿子，他们揣着儿子所给予的希望和承诺，欣然而返。在那个将军大院，他们期待着孙女的到来！

父母的到来，给这座小小的蒙古包带来了无限的欢乐；父母回城了，似乎把欢乐也带回城里了。

欢乐过后的寂静令人难耐，廷·巴特尔试图想用繁重的劳动排遣这种寂静，然而，不管他怎么累，一躺在床上睡意就跑到九霄云外去了。

廷·巴特尔又想到了布和朝鲁。布和朝鲁之所以算不过账来，归根结底就是眼界不开阔，就是因为没有文化，而在茫茫的草原上，谁能说得清楚有多少个"布和朝鲁"啊！

额尔敦其木格经历过的大事小情都能记

△ 廷·巴特尔和他的种植地

住，她有惊人的记忆力。但记忆力不能等同于文化和知识。从遗传学的角度说，陶格斯或许能有她妈妈那样超强的记忆力，那也要像她妈妈那样没有文化和知识吗？

廷·巴特尔的思考和斗争是瞒不过额尔敦其木格的，公婆走后，她也同样在为孩子的未来着想。自己是牧民，难道也要让自己的孩子成为牧民吗？她当时很是激动地对公婆说："草原上的孩子都是这样活的。"没错，草原上的孩子都是这样活的，那是因为他们没有别的选择。陶格斯不一样，他的爷爷奶奶在城里，她有资格、有权利到城里享受良好的教育，是谁在剥夺陶格斯的资格和权利？是伟大的母爱，是她这个母亲啊！

廷·巴特尔看完父母的来信，什么也没有说就放在一边儿了。而以往看完来信他会滔滔不绝地给额尔敦其木格讲上一通，不免还有添枝加叶的地方。

额尔敦其木格特别想知道信里的内容，便急切地问道："信里说啥了？"

廷·巴特尔努努嘴："你自己看呗！"

"我……"额尔敦其木格知道这是丈夫在揶揄自己，这时，陶格斯"不合时宜"地"呀呀"起来，廷·巴特尔又将一军："那就让陶格斯念给你听吧！"

额尔敦其木格趁势抱起陶格斯，眼睛紧紧盯住丈夫，那目光就像要把大山穿透似的："把孩子送进城里后，如果我想孩子，跟你哭行？"

"行，打我骂我也行！"夫妻俩的心，偶尔有隔阂在所难免，但最终还是相通的。

贤惠体现在细节，额尔敦其木格自言自语："陶格斯进城，要给爷爷、奶奶增加负担了。"

我们要干出个名堂来

★★★★★

有所付出就有所回报。

1984 年的牛刀小试，让廷·巴特尔和额尔敦其木格夫妇尝到甜头，他家围封的 300 亩草场打出 9 车饲草，相当于一般牧民家 1000 亩草场的出草量。草好，牲畜的膘性就好，肉牛出栏时，他家一头牛卖价 1200 元，而别人家的两头牛才卖 800 元。

牧民有时认"死理儿"，但活生生的现

实对他们也会有所启发，有人悄悄跟在廷·巴特尔后面学了。廷·巴特尔看在眼里，喜在心中，他暗自思忖，若是全嘎查（村）的牧民都能从保护草原的理念出发，不但牧民都能富起来，更重要的是草原沙化、退化的现象就会得到有效遏制，草原的天会更蓝，草原的地会更绿，草原的水会更清，草原的明天会更美好！

廷·巴特尔意味深长地对额尔敦其木格说："我们刚开个头，就有人跟着走。我们要是真干出个大名堂来，那时，我们的嘎查也会彻底变个样。"

为使嘎查能够变样，勤劳的两口子又忙碌起来，至于变成什么样，在他们的思想中还没有一个清晰的轮廓，但他们朝着这个方向进发了。

牧民离不开草场，离不开牲畜。在五畜中，额尔敦其木格最为钟情的就是羊。她差不多从记事开始就跟群放牧，她熟悉羊的所有习性，她曾经给队里放过几百只羊的羊群。拥有几百只、上千只的羊群，是她的梦想，是她的憧憬，是她的希望和未来。

她现在仅有的资本、资源是 30 只"趴蛋"母羊，这是"草畜双承包"后他家分到的财产中的一部分。这些羊之所以被称为"趴蛋"羊，就是因为它们既瘦又弱，免疫力和抗病害能力极差，稍有不测，就会面临生命危险。

面对这样的"希望"所在，额尔敦其木格投入的是全部热情和心血,现在的"希望"就是将来的一朵"白云"。

功夫不负有心人,五年过后,额尔敦其木格的羊群发展到 400 多只,真像一朵在蓝天下、绿草上飘移的白云。

羊群年复一年地壮大了,羊群所产生的收入投入到草场建设上,草场也年复一年地恢复起来,额尔敦其木格奔向明天的劲头更足了。就在这时,廷·巴特尔提出的一个问题,无论是思想上还是感情上都让额尔敦其木格难以接受,他要把这个羊群整个卖掉。卖掉整个羊群?最初,额尔敦其木格以为廷·巴特尔在和她开玩笑,所以并没有当真;后来她以为自己把大部分心思用在羊群上,对丈夫、对家务照顾不够,廷·巴特尔以这样的方式对她进行惩罚,她又再三表态,一定要更好地照顾丈夫,更好地操持家务,廷·巴特尔对妻子的一切都非常满意,根本不存在这样的想法。

额尔敦其木格有些困惑,也有些恼火:"那你到底为什么要卖掉这群羊? 这群羊是我的命根子啊!"

是啊! 不仅仅额尔敦其木格一个人这样认

为，萨如拉图雅草原上所有的牧民都这样认为，牲畜是牧民的命根子。然而，这也正是草原的悲哀，牧民的悲哀！牧民的命根子不是牲畜而是草原。

廷·巴特尔要转变牧民心中千百年来形成的根深蒂固的传统观念，这种转变观念的工作就从额尔敦其木格做起，她想通了，就能带动一大群人。

额尔敦其木格想不通，她怎么也想不通！从心里说，她尊重、甚至敬畏丈夫，在近十年相濡以沫的生活中，她知道丈夫是个有胆有识、有血有肉的男人，他完全可以像兄弟姐妹似的在城市生活。城市再糟糕的生活也要比牧区舒适。他坚持留下来了，而且还把全部精力都投入到草原建设上来，这行为本身就是一种崇高、一种奉献和一种割舍。在这些年的滚打摸爬中，他吃多少苦，受多少累，流多少汗，自己最清楚，自己也最心疼！所以，廷·巴特尔说什么、做什么，她基本没有什么怨言，大都像乖顺的羔羊。而这次不行，她摆出一副不肯让步的架势。她同样清楚，家里建设草场的钱出在这群羊身上，家里大到购买车辆、小到添个锅碗瓢盆的钱也出在这群羊身上，没有这群羊，这个家怎么支撑？生活怎么安排？作为家庭主妇，这些在她心中是天大的事啊！

廷·巴特尔既然想先在额尔敦其木格身上打开"缺口"，那他就不会放弃做通、做好额尔敦其木格思想工作的努力！一天不行那就两天，两天不行就三天，只要坚持，总会有个理想的结果。他相信妻子，也更相信自己的能力。

廷·巴特尔太爱萨如拉图雅这片草原了！正因为爱，自己才要做出牺牲，同时也是给生活在萨如拉图雅草原上的人们做出榜样。

廷·巴特尔是个"算账高手"，他又拿出看家本领和额尔敦其木格算起账来。在当时的市场条件下，一头牛的价格和五只羊的价格不相

△ 廷·巴特尔的休闲一刻

上下。一头牛只有 4 只蹄子，而五只羊却是 20 只蹄子。4 只蹄子和 20 只蹄子相比，谁对草场的破坏力大呢? 另外，牛吃草时是用舌头卷着吃，吃饱就卧地反刍，而羊是用蹄子刨着吃，边吃边刨，边刨边吃，很少有老实的、安静的时候，又是谁对草场的破坏力大呢? 你我都是从心里热爱这片草原，热爱草原，我们要拿出实际行动来啊!

额尔敦其木格被廷·巴特尔这笔账"算"得心悦诚服，从思想上已经完全接受后来被称为"蹄腿理论"的说法，但从感情上还是难以割舍她倾注了大量心血的那白云似的羊群。

"卖就卖吧!"额尔敦其木格强忍着巨大的痛苦，再次坚定支持丈夫的行动。她说不出什么大道理，但她知道自己没有丈夫想得多、想得远。丈夫不仅在为这个小家着想，为萨如拉图雅草原上的人们着想，还在为国家、为未来着想啊! 听他的、跟他走，即便有牺牲和痛苦，也认了。

额尔敦其木格不忍看到卖羊时的那种热闹、红火场面，她走出很远很远，当夜色降临、一切趋于平静时她才悄然回来，她没有走进家门，而是默默地站在空空荡荡的羊圈旁，泪如雨下。

廷·巴特尔看着伤心至极的额尔敦其木格，心里也充满矛盾和内疚，如果不是心里装着整个萨如拉图雅草原，他也不会做出这样看似鲁莽、盲目的举动，但是草原的未来在他心里的分量是任何东西都不可能抵挡的啊!

→ "蹄腿理论"的创新

★★★★★

养牛的主意定了。怎么养、养什么样的课题又庄严地摆在勤于思考的廷·巴特尔面前。

廷·巴特尔最先想到的是靓如公主的荷斯坦黑白花奶牛，在调查中他发现，这种源于温热带的奶牛，娇气、娇贵，对于没有栅圈、没有青贮、没有防疫设备和条件的萨如拉图雅草原来说，这里不是黑白花奶牛的理想家园，黑白花奶牛也不会给萨如拉图雅草原带来令人眼红的经济效益。另外一个客观条件是萨如拉图雅草原身处浑善达克沙地边缘，连一条进出的公路都没有，牛奶运不出去，都不如矿泉水值钱。

廷·巴特尔有个不耻下问、虚心求教

的特点。

被称为"试管羊之父"的旭日干，是在国内外都有影响的畜牧专家，时任内蒙古大学校长。廷·巴特尔登门求教，旭日干当然知道廷·巴特尔的出身和背景，一个将军之子能够扎根草原足以令人钦佩，又能这样执着地为建设草原费尽心思更是难能可贵。旭日干和廷·巴特尔就品种、环境、气候、效益等问题进行了长时间热烈而富有远见的交流和探讨。旭日干认为，在萨如拉图雅那片生态环境相对脆弱的草原上，最好还是养殖传统蒙古肉牛为好，经过千百年的优胜劣汰，蒙古牛能够保留下来就是因为它有抗寒、抗旱、抗病、耐粗饲料等不可替代的传统基因。蒙古牛的不足之处是产肉率低，但这是可以改良的。以蒙古牛做母本，和世界上最优秀的肉牛进行杂交，选育出新的品种，产肉率低的问题就可能迎刃而解。

廷·巴特尔通过大量调查和考察，最终选定的父本公牛是产于瑞士的西门塔尔牛。

西门塔尔牛毛色一般为黄白花、淡红白花两种，头、胸、腹下、四肢及尾晕多为白色，俗称"六白"。

西门塔尔牛的牛肉品级明显高于普通肉牛，肉色鲜红，纹理细致，富有弹性，大理石花纹适中，脂肪色泽为白色或淡黄色，脂肪质地有较高的硬度，胴体体系脂肪覆盖率为100%。更为重要的是西门塔尔牛和蒙古黄牛一样，拥有抗寒的传统基因，与萨如拉图雅草原在同一纬度或相近纬度上的俄罗斯、加拿大、德国以及我国的长春、通辽等地都有成功引进西门塔尔牛的经验可资借鉴和学习。

廷·巴特尔的5900多亩草场已经全部围封起来，偌大的草场里只有几十头西门塔尔牛和蒙古黄牛悠闲自得地生活着，犹如一幅淡淡的水墨画。

△ 廷·巴特尔设计的木圈

额尔敦其木格不用跟群放牧了，也不用接羔喂羔了，从繁重的体力劳动中解脱出来了。她和廷·巴特尔一起对这5900多亩草场进行重新规划，春营地放在哪里、多少亩合适、夏营地放在哪里、多少亩合适、哪儿做打草场、哪儿做贮草场，都一一做着实地丈量。

草场围封起来，是件新鲜事儿，新鲜事儿，就如花香一样具有诱人的魅力。仅一两年的时间，廷·巴特尔围封起来的草场里的牧草的长势和围栏外面的长势截然不同，具有天壤之别。萨如拉图雅草原上的牧民经过观望、徘徊、思索后也都纷纷效仿起来。

牧民们效仿的不仅仅是建设草场围栏，更重要的是像廷·巴特尔一样有卖羊的了。牧民们的这种行动，正是廷·巴特尔所希望的，而第一个卖羊的牧民正是和廷·巴特尔"吵架"的布和朝鲁。

布和朝鲁家的草场由于严重超载放牧，不能满足牲畜活命的必要营养，整个畜群膘情普遍不好。由于抵抗力差，刚下第一场雪，布和朝鲁家的羊群就出现死亡现象。因为买不起过冬的饲料，他家的羊连冻带饿死伤多半，仅剩下的60多只基础母羊的性命也朝不保夕。

这时，廷·巴特尔拉着一车牧草出现在借酒浇愁的布和朝鲁和他以泪洗面的妻子面前。廷·巴特尔雪中送炭令布和朝鲁喜出望外的同时也愧疚难当，他把脸憋得通红才说出一句话："当初没听你的话，现在说什么也晚了！"

廷·巴特尔对陷入困境的布和朝鲁给予莫大的同情，又帮他谋划起出路来："你把羊再卖掉一半，留下30只基础母羊就行了。"

"30只？"布和朝鲁好像不相信自己的耳朵，一个牧民、一家牧户只养30只羊，无异于天方夜谭。

廷·巴特尔没让布和朝鲁激动起来，而是

▽ 专业养牛基础设施建设

引导并要求他面对严酷的现实。即便能保住这30只基础母羊，也是他布和朝鲁的福分和造化。布和朝鲁家的草场曾经是最好的草场，仅几年的工夫就严重退化成最差的草场，如果不给它充足的休养生息和自我恢复的时间，那将来就是连兔子都不拉屎的地方。

第二年开春以后，布和朝鲁大步流星地从愁苦和烦闷中走了出来，披着阳光、挽着春风、骑着骏马、笑逐颜开地来到廷·巴特尔家里，很是激情地说："我也准备把草场围起来，三年以后，草场能恢复吗？"

"能！"廷·巴特尔肯定的回答给布和朝鲁的是信心、力量和希望。

当历史的时针指向1993年的时候，廷·巴特尔和额尔敦其木格夫妇把5900多亩草场建设得犹如西方的牧场，不管春、夏、秋、冬，每个季节都有它鲜明的特点和个性，每个季节都能唱出悠扬的牧歌。即便是春天的干旱，也奈何不了他们，因为他们的草场中间有高格斯台河，清清的河水会给他们所需的滋润。即便是白雪皑皑的严冬，他们也无所畏惧，因为他们拥有足够的冬贮饲料。创业十年所获得的巨大成功化作幸福充溢在他们的心中。

众人拾柴火焰高

⭐⭐⭐⭐⭐

廷·巴特尔和额尔敦其木格此时想到帮助他们成功的人们，父亲、母亲，还有女儿……

廷懋将军复出后肩负重任、日理万机，但也是念念不忘自己还有个儿子在草原上苦撑着、苦干着，而且以苦为乐，以苦为荣，他要力所能及地给儿子以帮助和支持。

廷懋将军在阿拉善盟考察时发现一种特别耐旱的树种，他信马由缰地就想到浑善达克沙地边缘的萨如拉图雅草原，想到正在那里奋斗的儿子。于是，老人掏钱买下三株树苗，几经周折才送到儿子身边。廷·巴特尔接到父亲的树苗如获至宝，这是父亲带给草原的一抹绿色和一片阳光。

母亲胡淑荣的付出更让廷·巴特尔感动，但他却不善于表达，年近花甲的母亲，为支持他的事业，又承担起抚养孙女的重任。陶格斯从牙牙学语到考上大学，在这二十多年的时间里始终是在奶奶的关照下成长的，老人的操心、劳累和付出到底有多少，谁能说得清啊！

因为廷·巴特尔在萨如拉图雅草原上已经彻底脱胎换骨成为一个真正的牧民了，廷懋将军的家也自然成为萨如拉图雅草原上牧民们的"城市之家"，凡是从萨如拉图雅草原到呼和浩特办事的牧民，几乎都在廷懋将军家里落脚。有一次，廷·巴特尔同时带着7个年龄相仿的牧民来到家里，一住就是五六天，临走时，作为内蒙古军区政委的廷懋将军听说有一架军用飞机要去锡林浩特运送物资,恰好去的时候是空机。为了让牧民孩子能够坐一次飞机，一向严于自律、严格要求自己的老将军破例行使一次"特权"，他安排这7个青年牧民乘坐军用飞机返回锡林郭勒大草原。坐飞机，这7个青年牧民恐怕连做梦也没有想过，坐飞机，这7个青年牧民也许一生就这么一次。

廷懋将军到过萨如拉图雅草原，并认识一些年龄较大的牧民，当时队里的保管员就是其中的一位。若干年后，老保管员的儿子徐必柱找上门来，廷懋将军虽然不认识眼前的这个小伙子，但一提起萨如拉图雅草原就有那么一种亲切感。他忙问小伙子有什么事情需要帮助。

△ 其乐融融的全家福

徐必柱是带母亲来看病的，但在看病过程中遇到了自己难以解决的困难，所以忐忐忑忑地找上门来。

廷懋将军听完小伙子的叙述，哈哈大笑："找这儿来就对了，我的家就是你们萨如拉图雅在呼和浩特的办事处嘛! 至于困难，我们想办法解决好了。"

徐必柱的母亲住院治疗三个月，而这三个月中胡淑荣老人忙得却是不可开交，不但把联系病房、联系大夫这些琐事都揽在身上，还要亲自做好可口的饭菜送到医院来，那种无微不至的悉心照顾令徐必柱终生难忘。

陶格斯来到爷爷、奶奶家时还不到两周岁，稚嫩的童音发出的全是蒙语，爷爷、奶奶却一句也听不懂。为了能和孙女对话和交流，60多岁的奶奶开始学习蒙语。然而，还没等奶奶学会蒙语，孙女却说起汉语来了。

从此，奶奶和孙女相依相偎。奶奶的爱甚至胜过父母的爱，但作为孩子，何尝不希望得到父母的爱啊！

陶格斯懵懵懂懂时，对父母的概念也是模糊的。当她上幼儿园后看到小朋友们都是爸爸、妈妈接送，便向奶奶问起自己的爸爸、妈妈，胡淑荣老人心里便涌动着酸楚，而又不能不给予回答："你的爸爸、妈妈在草原上养牛养羊呢！"

养牛养羊？爷爷、奶奶家的院子里也有草，在这儿养牛养羊不行吗？

不行啊，这院子里的草，连一只羊都养不活啊！

陶格斯最怕"六一"儿童节，因为每到这个节日，所有的小朋友们都会得到爸爸、妈妈的格外呵护和亲昵，逛公园、做游戏玩儿得欢天喜地，可她的爸爸、妈妈却不在身边，这是爱的缺失。

廷·巴特尔每每想到这些，都觉得心里发热，眼睛发潮，因为他和他的梦想、事业、追求，父母连同女儿都在为他做出某种牺牲。

扶贫草原

出任党支部书记

★★★★★

1993 年春末夏初，萨如拉图雅嘎查迎来 1983 年"草畜双承包"以来十年的第一次换届选举。这次不同寻常的选举，牵动着萨如拉图雅嘎查每一个牧民的神经。

实行十年的"草畜双承包"使萨如拉图雅嘎查的生产关系、人际关系都发生了根本性变化。"草畜双承包"是推动牧区经济社会发展、改变牧民生活状态的一种探索、一种尝试。这种探索、尝试的经验说明这个方向是对的，沿着这个方向前进牧民们是能够过上富裕、祥和、舒坦的日子的。而教训也颇为深刻，那就是不能忽略基层党组织的建设，不能忽视基层党支部的战斗堡垒作用，不能忽视村级行政组织的建设。

刚刚分到草场和牲畜的牧民兴高采烈，喜形于色。他们觉得不再用领导管着，不再受制度约束了，自己可以像蓝天上的雄鹰任意飞翔了。

牧民大都是饲养牲畜的高手，但却没有驾驭市场的能力，还没练就在市场经济的大潮中"游泳"的本领。有的牧民几年间就富裕起来，买摩托，买汽车，大吃大喝，花天酒地，用上百只羊买来的摩托坏了就往旁边一扔，成为一堆废铁，转眼又沦为贫困。

有的牧民讲究清闲、自在、享受，好吃懒做，甚至不愿再承担放牧的天职，把自己的羊当作工钱雇人放牧，而自己的羊群在不知不觉中被人所"蚕食"。

有的牧民干脆走起"捷径"，直接用牛羊换酒喝，房前屋后垒起成堆的酒瓶子时也筑起高高的债台。

而大多数牧民则是因为底子薄、抗风险能力弱和不善于经营管理，日子过得也不宽裕。总之，全嘎查没有几家富裕户，而沦为真正赤贫的牧户就达20多家，差不多是全嘎查的三分之一。

廷·巴特尔则不同，他善谋划，懂管理，会经营，肯钻研，在一些人沦为赤贫时他却成为萨如拉图雅嘎查无可替代的首富。所以，在酝酿选举中，廷·巴特尔自然成为萨如拉图雅嘎查牧民们议论和关注的焦点人物，同时也是洪格尔高勒镇领导心中最为合适、最为理想的人选。因为在这十年中,廷·巴特尔虽然不是萨如拉图雅嘎查的主要领导,在一些重大、原则问题上他和其他领导也有严重分歧,甚至还和不少牧民拌过嘴、吵过架,但很多时候,很多情况下,他还是牧民心中的主心骨。

故事从一块地毯说起。

萨如拉图雅嘎查交通、信息都相当闭塞,所以,这里也成为许多小商小贩牟取暴利的"天堂",他们出售的商品利润都是十几倍甚至几十倍。

道尔吉在一个小商贩手里花 800 元买一块地毯,而若是在呼和浩特,这块地毯最多能卖 100 元。道尔吉当时手头没有现金,就答应给那个小商贩一头母牛。

道尔吉提议让小商贩到牛群里认领属于他的那头母牛,而小商贩却心生一计:"老道,咱们是朋友,你相信我,我相信你,反正你的牛群里有我一头牛就是了!"

从此,这个地毯贩子每年都来萨如拉图雅嘎查,每次都落脚道尔吉家,每次都带点让道尔吉感激的烟酒茶糖之类的东西。而每次也都要问问他的母牛下犊没有,憨厚的道尔吉也每次都乐呵呵地告诉他:"下了!"道尔吉认为,帮助朋友饲养牲畜是他的责任和荣誉,从来没有想过这里会有什么"猫腻儿"。

转眼间 6 年过去,地毯贩子的一头母牛在道尔吉家竟然成为 11 头牛的小牛群了。

冬天的雪灾，使道尔吉蒙受了巨大的损失，偌大的一群牛仅存 8 头。第二年春天，地毯贩子来道尔吉家赶牛，道尔吉把仅剩的 8 头牛全部给他，而地毯贩子却问道尔吉："你还欠我 3 头牛，用什么还呢？"

道尔吉就这样莫名地成为地毯贩子的债务人，道尔吉也承认欠人家的债。他很无奈地说："那就给你 2 匹马吧！"

地毯贩子认为道尔吉身上还有"油水"，随后补一句："那就再加 3 只羊。"

8 头牛、2 匹马、3 只羊，几乎是灾后道尔吉家的全部财产，被人掠夺一空，以后的日子可怎么过呀！道尔吉老婆情急之中想到了廷·巴特尔，飞也似的去找廷·巴特尔求援。

廷·巴特尔赶到道尔吉家时已经清楚了事情的原委，正在琢磨着制服地毯贩子的办法。

廷·巴特尔的出现令地毯贩子顿失底气，但财迷心窍，他还想做一番挣扎。

廷·巴特尔先礼后兵："道尔吉买你的地毯是 800 元，6 年过去了，给你 2 倍的价钱怎么样？"

地毯贩子心虚却气壮："不行，当初说的是用牛换，我就要牛，别的不要!"

廷·巴特尔露出锋芒："那好，咱们就说牛。6 年来，你掏过草场费吗? 你掏过放牧费吗? 你掏过饲料费吗? 所有的费用 6 年下来该是多少?"

地毯贩子的脸顿时涨得通红："这、这，我和道尔吉是朋友,这些都是不用掏的。" 他把脸转向道尔吉:"你说,是吧!"

道尔吉说："是这样，我们真是朋友!"

道尔吉忠厚，忠厚到令人咬牙的程度。由于在这场争论中道尔吉始终以朋友的信义和地毯贩子站在一起，致使廷·巴特尔无法大获全胜，最后以 5 头牛、1 匹马了结这段孽债。

道尔吉的老婆对廷·巴特尔充满感激，如果不是廷·巴特尔的挺身而出和据理力争，她家真的一点希望都没有了。

还有一件事是毗邻嘎查的事。

兄弟俩吵架，让廷·巴特尔碰上了。这兄弟俩不是萨如拉图雅嘎查的牧民，但廷·巴特尔和他们也都认识，他上前劝解道："都是亲兄弟，有什么好吵的呢?"

哥哥怒火冲天地指着弟弟的鼻子说："他把我的牛给毒死了!"

弟弟指天发誓："我不会干出那种伤天害理的事情来!"

廷·巴特尔相信弟弟，真正的牧民是干不出这种有悖良心的阴损事的。但哥哥的牛确实突然死亡，而死亡的症状也颇似中毒。

廷·巴特尔详细地向哥哥询问牛的死亡地点和死亡过程，他认为有两种可能，一种可能是吃了有毒的草，二种可能是一种烈性病，他把这种猜测和怀疑及时汇报到镇里，他的高度警觉引起镇里的高度重视，一位经验极为丰富的老兽医查出病因，这是在草原上绝迹多年的"肉毒病"。

廷·巴特尔通过向老兽医刨根问底，最终完全弄清楚了"肉毒病"的来龙去脉，这是一种通过飞鸟粪便传播的急性传染病，传染对象是哺乳期的母牛，一旦得病，无药可治，而且蔓延速度特快。

一听到传染病，而且蔓延速度还特别快，廷·巴特尔立即惊出一身冷汗。

母牛的死亡地点虽然不在萨如拉图雅嘎查，但却和萨如拉图雅嘎查近在咫尺，一旦蔓延，那后果不堪设想。

廷·巴特尔从老兽医那里讨到防治"肉毒病"的良方后，便火速赶往锡林浩特购买，回到嘎查后，他顾不上吃饭喝水，披星戴月地为牧民家的每一头有可能传染"肉毒病"的母牛打预防针。这次"肉毒病"的突然出现，导致洪格尔高勒镇20多头母牛死亡，而萨如拉图雅嘎查因预防及时却没有一头牛死亡，这个结果是因为廷·巴特尔心中始终装着萨如拉图雅嘎查的所有牧民。

心中装着萨如拉图雅嘎查所有牧民的人，无疑应该成为萨如拉图雅嘎查的领导人。洪格尔高勒镇委领导找廷·巴特尔谈话，动员、鼓励他出任萨如拉图雅嘎查党支部书记兼嘎查长，不料却被廷·巴特尔婉言谢绝了。镇委领导说："我代表的是镇委、镇政府的意见，但选不选你，还得看牧民们的心愿啊！"

送走镇委领导后，廷·巴特尔对额尔敦其木格说："无论是支部书记还是嘎查长，我都不想当。你是这片草原上长大的人，有人缘，去给亲戚朋友们做做工作，让他们不要选我当干部。"

廷·巴特尔不想当党支部书记、不想当嘎查长是有他的理由的，这些年萨如拉图雅嘎查也非同昔比了。已经有在外面见过世面的复员军人和高中毕业生，让这些有见识、有学识的青年人走上领导岗位不是更好吗？

额尔敦其木格也从心里不想让丈夫当"官儿"，她怕廷·巴特尔太累、太辛苦。所以，在选举开始前的几天她就紧锣密鼓地"活动"起来，以期说服亲朋好友不投廷·巴特尔的票。在村级选举中，拉选票的现象屡见不鲜，而像这样反向做工作的却闻所未闻。

选举如期举行，廷·巴特尔当选是在情理之中、意料之中的事情。但选举大会现场的"冲突"却颇富有戏剧性。

一方是群众的"愤怒"。

廷·巴特尔不是满票当选，只差一票，这一票是他自己没有投。因为有人没投廷·巴特尔的票，群众顿时"愤怒"起来，有人大声责问："是谁没投廷·巴特尔的票？有种的站出来！"随后是全场的一片附和之声。

廷·巴特尔站出来，面对义愤填膺的群众说："是我，是我自己！"

处在兴奋点上的几百名牧民这时才缓过神儿来，是啊，廷·巴特尔也是选民，他有权投自己的票，也有权不投自己的票啊！当牧民们得知是廷·巴特尔自己没投那一票时，顿时爆发出山呼海啸般的欢呼声，这欢呼声中升腾着他们的全部希望和信任。

廷·巴特尔带着一种"遗憾"的目光在人群中扫描，他在寻找额尔敦其木格，他没有找到，因为额尔敦其木格有意地避开了他的视线。

在回家的路上，廷·巴特尔禁不住地问额

尔敦其木格："你的工作是怎么做的呀？就连你也投了我一票！"

　　额尔敦其木格的确在亲朋好友间做过工作，但她没有说服别人却被别人说服了。乡亲们摆出的一桩桩、一件件事情，都在证明他们相信廷·巴特尔，他们希望廷·巴特尔带领他们过上富裕文明的生活。就连曾经和廷·巴特尔有过矛盾、吵过架的人都能把心托付给他。额尔敦其木格在几天工作中发现，廷·巴特尔在牧民中有那么高的威望和威信，她这时突然意识到，在她心中，丈夫始终是一个顶天立地的英雄！牧民们那样信任他，虽然是妻子，自己也没有理由不投他的票。

→ 扶贫是不能推卸的责任

★★★★★

　　不能推掉的是共产党员的责任，不能推掉的是几百名牧民的信任。廷·巴特尔当选后，没有发表慷慨激昂的就职演说，也没有拿出大块儿时间搞什么调查研究。换句话说，这十年来他都在搞调查研究，萨如拉图雅嘎查每一户牧民家庭的生活状态他都了如指掌，每一片草场保护与否、沙化与否、破坏与否他都一清二楚。现在，他所要做的是，让已经富裕起来的牧民更加富裕，光富裕不行，还要文明；让沦为赤贫的20多户牧民尽快脱贫，在萨如拉图雅这片草原上，不允许存在贫穷。

　　廷·巴特尔的脑海里深刻地打着集体的烙印。他认为，集体就是一条拥有源头活水的大河，哪家牧民有困难，他就可以把河水引到哪家。所以，他出任党支部书记兼嘎查长后，就试图重新构建起集体经济的框架。实行"草畜双承包"时，虽然把缠绕不清的"三角债"问题解决了，但这十来年间又出现许多新的经济纠葛，这新的经济纠葛的一个显著特征是欠债的大都是拥有畜群的外来户。廷·巴特尔宣布一个既让本地户震惊，也让外来户震惊的决定，只要外来户举家迁出萨如拉图雅嘎查，并且不再回来，牲畜可以全部赶走，债务可以一笔勾销。

本地户震惊的是，欠债还钱，天经地义。不还钱就可以走，太便宜那些外来户了！

外来户震惊的是，自己欠嘎查的钱，只要离开嘎查，就可以摆平，这有点不可思议。

廷·巴特尔就是有一种敢于担当的英雄气概。他说，凡是外来户大都是汉族兄弟，他们之所以来到萨如拉图雅嘎查，可能有各种原因，但他们毕竟不习惯牧区生活，不习惯养牛放马的劳作方式，给他们创造条件，选择更为合适的地方生活，有什么不可以吗？

他们离开牧区对牧民是有好处的。他们能带走牛羊，却带不走草场。

20多户汉族兄弟搬走了，空出来的却是几万亩草场，廷·巴特尔利用这个活生生的现实，去触动所有牧民的神经，让牧民在固有的传统观念中滋生出适应社会变革和发展的新理念、新观点、新意识，牲畜不是牧民的命根子，草场才是牧民的命根子。没有草场，牧民将失去一切。

廷·巴特尔清楚地知道，在沦为赤贫的20多户牧民中，绝大部分是因为代人放牧使草场沙化、退化而沦为贫困的。他上任后第一件事就是坚决禁止萨如拉图雅嘎查的牧民代人放牧，一头牛、一匹马、一只羊都不行，一脸的铁面无私，一身的浩然正气！牧民们刚刚投过他的票，表达过对他的信任。但此举触动的是那些在盟里、旗里、镇里工作，而把羊放在萨如拉图雅草原放养的权贵们的既得利益，所以，恫吓、威胁、谩骂接踵而至，面对这些，廷·巴特尔只是一笑了之。

廷·巴特尔唤醒了牧民们的"草场意识"，清退代放羊的工作进展得还算顺利，但到结尾时却出现的"卡壳现象"。

"我家的羊是给旗里的亲戚放的，亲戚的羊，怎好清退呢？"

"我孩子上学求过人家帮忙，人家在我这儿养几十只羊，怎好拒绝呢？"

"我旗里有朋友，人家逢年过节总带些烟

酒来，清退人家的羊，过意不去啊！"

牧民们相当淳朴，宁可自己蒙受巨大损失也不肯伤害感情。廷·巴特尔认为，这不是感情问题，而是关系到萨如拉图雅草原能不能退化、萨如拉图雅嘎查贫困牧民能不能脱贫的原则问题。在原则问题上是不能让步的，廷·巴特尔把这几户牧民在盟里、旗里、镇里的亲戚朋友的单位、名字记下来，然后挨家挨户地去登门拜访，晓之以理，动之以情。最终，这块横亘在萨如拉图雅嘎查"脱贫致富"路上的"石头"被廷·巴特尔搬走了。

电视连续剧《静静的艾敏河》、长篇纪实文学《国家的孩子》和舞剧《草原记忆》，是用不同手法、不同艺术形式讲述了同一事件。

20世纪50年代末60年代初，内蒙古解国家之难，将上海孤儿院里的3000名孤儿接到大草原，分到牧民家里抚养，萨如拉图雅嘎查的照日格图就是这3000孤儿中的一个。

廷·巴特尔在乳品厂当厂长时，照日格图就在乳品厂工作，应该说是他下乡后接触最早的伙伴之一，很快他们就成为好朋友了。

照日格图结婚后连生三个孩子，缺吃少穿，不知不觉中就变成了萨如拉图雅嘎查的贫困户。

廷·巴特尔先进事迹报告团成员中有一个叫萨日娜的女孩儿，这个女孩儿就是照日格图的女儿。萨日娜在报告中声

情并茂地说 :"在我们萨如拉图雅草原上,巴特尔叔叔的故事几天几夜也说不完。这些事情虽然都不大,但都像天上的星星那样闪闪发光,数也数不过来。"

萨日娜的第二次生命是廷·巴特尔给的。

1984 年盛夏,廷懋将军带着两辆吉普车来到萨如拉图雅嘎查,他是来看儿子,更是来看望给儿子以关心、支持和帮助的所有牧民。

△ 廷·巴特尔种植的杨树林

那天，萨如拉图雅嘎查比过年过节都热闹，这里的牧民是第一次见到省部级领导，他们没有想到这个省部级领导却是一位如此慈祥和蔼的老人。这里的孩子们没有见过吉普车，他们好奇地围着吉普车转来转去，摸摸这儿摸摸那儿。

　　照日格图兴高采烈地来拜见廷懋将军和胡淑荣阿姨。在呼和浩特，他吃过胡阿姨做的可口饭菜，他是廷懋将军安排搭乘飞机的 7 个青年牧民之一。

　　尽管照日格图经济拮据、生活困难，还是真诚而又热情地邀请廷懋将军夫妇到他家里吃顿便饭。

　　廷懋将军知道照日格图是上海孤儿，到他家做客，也体现出内蒙古党委对这个上海孤儿的关心，况且，廷·巴特尔一下乡就和照日格图混得很熟，亲如兄弟，自己何尝不能把照日格图当作儿子对待呢？想到这些，廷懋将军欣然前往。

　　照日格图招待的饭菜不可能丰盛，但热情是没说的。廷懋将军把穿着蒙古袍的 3 岁小姑娘萨日娜抱在怀里，那亲如一家的气氛着实令人感动。

　　廷懋将军走后，萨日娜怎么都不肯脱下那件蒙古袍。家里困难，平时是舍不得让孩子穿这样好的衣服的，正因为平时不让穿，所以一旦穿上就不想脱下来。

　　气急的母亲便劈头盖脸地打将起来，萨日娜放声大哭。不一会儿小脸憋得发紫，全身也抽搐起来，突然窒息而亡。

　　太意外了！太残酷了！刚才还是活蹦乱跳的孩子，怎么一转眼就成为阴魂野鬼了呢!

母亲郝日道不能接受这个现实,她呼天抢地、声嘶力竭地哭喊着萨日娜的名字。

照日格图抱着萨日娜走出蒙古包,轻轻地放在外面的草地上。

说不上是天意还是巧合,正好这时廷·巴特尔来到照日格图的家门口。

廷·巴特尔同样不相信这是真的,他抱起萨日娜,凭借自己平时掌握的一点医学知识,他认为这孩子没有死,只是背过气去而已。

廷·巴特尔把萨日娜抱进蒙古包,用郝日道找来的白酒在萨日娜的前胸后背上轻轻地揉搓起来。搓着搓着,萨日娜"哇"地一声又哭出声来,这是生命发出的声音啊!

照日格图、郝日道以及萨日娜的哥哥、姐姐都以不同的形式表达对廷·巴特尔的感谢。

廷·巴特尔并不以为然:"我又不是大夫,还是萨日娜的命大福大啊!"

或许和这次"救命"有关,廷·巴特尔格外关注萨日娜的成长,从小到大都是一如既往。

萨日娜到了上学的年龄但却上不起学,她特羡慕那些背着书包走在上学、放学路上的同样大小的孩子。

廷·巴特尔知道萨日娜该上学了，他便提着装满书本、文具的书包来到照日格图家里，萨日娜当然欢天喜地，开心的小脸儿上绽开两朵鲜花。

照日格图却愁眉不展，他对廷·巴特尔说："巴特尔哥，你对我的关照我心里有数，但家里太穷了，已经有两个孩子在上学，萨日娜我实在供不起了！"

廷·巴特尔拍拍照日格图的肩膀："明天领着孩子报名去，再困难也不能耽误孩子上学读书学知识，学费的事儿，我来想办法吧！"

2002 年，廷·巴特尔成为全国重大典型时，照日格图也过上了幸福、富裕、文明的日子，萨日娜在报告中自豪地说："在巴特尔叔叔的帮助下，我们兄弟姐妹都相继完成了学业，哥哥现在是镇医院的一名大夫。我们家的变化就更大啦，有了羊群，有了吉普车，有了摩托车，盖起了砖瓦房，实现了定居，5000 多亩草场上碧波荡漾，牛羊嬉戏。我阿爸这个当年的上海孤儿，已经成为萨如拉图雅草原上颇为富裕的牧民了！"

照日格图没有回过上海，上海在他的记忆中是一片模糊。

廷·巴特尔先进事迹报告团巡回演讲来到上海，一踏上上海的土地，看到鳞次栉比的摩天大楼，萨日娜的第一感觉是想哭，但不知道是因为兴奋还是激动，她说不清楚。

上海毕竟是父亲的出生地，父亲的心里肯定有一种难以割舍的感情。萨日娜在电话里对照日格图说："阿爸，我在上海，上海啊！回去时，我给您带回一把上海的泥土啊！"

萨日娜的确给她阿爸从上海带回一把泥土。而这把泥土，又被照日格图深情地撒在萨如拉图雅草原上了。

扶贫也要讲原则

★★★★★

1983 年实行"草畜双承包"时所划分的草场缺乏科学依据不尽合理，所以，1996 年的重新划分就显得至关重要。

划分草场万众瞩目。

阿巴嘎旗草原局具体负责草原划分工作，按时间进度萨如拉图雅嘎查所在的洪格尔高勒镇排在 10 月份，10 月的锡林郭勒已经结冻，也就是说要整整耽误一年，这怎么行？

廷懋将军的家里和办公室都挂满了地图，廷·巴特尔刚学会分辨颜色、识别形状时，最先接触的就是地图。

廷懋将军在战争年代养成一种习惯，每到一处他都画一张当地的地图，潜移默化，耳濡目染，廷·巴特尔不但对地图情有独钟，而且画起地图来也不亚于专业水平。他画出一张1∶50000的《萨如拉图雅嘎查草场分布图》，草场面积、河流方向、水井位置、树木分布、牧民住址都标得一清二楚，他开着自己的客货两用车上沙梁，过沟壑，在20天的时间内，愣是把470多平方公里的萨如拉图雅嘎查丈量一遍，这个面积相当于一个新加坡。

廷·巴特尔心中装着一杆公平的大秤，不偏不袒，一视同仁，使萨如拉图雅嘎查成为阿巴嘎旗划分草场时唯一没有争议和纠纷的嘎查。

廷·巴特尔整天在思考着扶贫问题，但却想不出一个行之有效的办法来，为此，他陷入了深深的痛苦之中。

人在苦闷里大概都爱怀旧，廷·巴特尔也是如此。他刚到萨如拉图雅嘎查下乡时，这里的管理模式是大队、是集体。

"集体？"

廷·巴特尔的脑海中突然闪出一束火花！

依靠集体的力量带领牧民兄弟脱贫致富，纲举目张。有了"集体概念"这个纲，他的扶贫思路清晰了，扶贫方案也呼之欲出。

廷·巴特尔召集党支部成员和村委会成员开会，和盘托出自己的想法，交给大家讨论。

廷·巴特尔勾勒的蓝图着实令大家兴奋，但当时的萨如拉图雅嘎查没有任何公共积累，这集体的力量怎么形成呢？

焦点，大家把焦点问题提出来了，这也正是廷·巴特尔所需要的。提出问题，是形成共识和统一思想的关键。廷·巴特尔看到"火候"到了，便清清嗓子对大家说："我们今天在座的都是共产党员，都是萨如拉图雅嘎查的领导，我们的生活都比一般牧民富裕。领导干部生活富裕没错、应该的，但我们也不能眼睁睁地看着牧民兄弟受苦、受穷啊！"

"我们是带头人，那就从我们做起，真正起到带头作用。我们每人捐出几十只羊，形成一个属于嘎查的

△ 廷·巴特尔走在草场上

'流动扶贫羊群'，大家看看这招儿行不行啊？"

廷·巴特尔的提议被大家所接受，你捐 30 只，我捐 50 只。不一会儿，萨如拉图雅嘎查就拥有了 300 只"流动扶贫羊群"。趁热打铁，廷·巴特尔又组织大家对如何管理"流动扶贫羊群"进行讨论。讨论的结果是把基础母羊以定期承包的方式放到贫困户家里去饲养，一年一期，每年的羊毛收入和 80% 的成活羔羊归贫困户所有，20% 的成活羔羊归嘎查。如此循环，在贫困户逐步脱贫时，嘎查"流动扶贫羊群"的"雪球儿"也会越滚越大。

100 只羊为一个"流动扶贫羊群"，3 个"流动扶贫羊群"，20 多贫困户，先扶谁呢？

扶贫，就要从最穷的扶起，这似乎是天经地义的。但廷·巴特尔不这么认为，他要找出贫困户的贫困根源，是天灾还是人祸，要搞清楚。基于这样的思考，他提出搞评比式扶贫，把权利交给牧民，让牧民给贫困户打分，按得分高低依次排序。

好吃懒做，劳动表现不好的扣分；

家庭不和睦，夫妻经常吵架的扣分；

酗酒闹事的扣分；

不爱护草场的扣分；

不讲文明、不讲卫生的扣分；

开会、学习不参加的扣分；

违反计划生育等国家政策的扣分；

不参加义务劳动的扣分……

照日格图得分最高，他是第一个放牧嘎查"流动扶贫羊群"的贫困户，也是第一个因放牧"流动扶贫羊群"而脱贫的人。

达·巴特尔是萨如拉图雅嘎查最为典型的贫困户，他虽然和其他牧民一样分到了草场，但他的草场上没有一头牛，没有一只羊。他是牧民，他也热爱草原，但他却无法在草原上维持最低的生活，只好背井离乡到外地去打工，艰难度日，年复一年地重复着同样的日子。

有一年，达·巴特尔春节回来过年时找到廷·巴特尔，说是他们两口子想要孩子，申请个生育指标。娶妻生子、传宗接代，这是人之常情，况且，达·巴特尔两口子也都30多岁了，再不要孩子，恐怕要错过最佳生育年龄了。

廷·巴特尔亮起的却是"红灯"，他对达·巴特尔说："你们两口子长年在外面打工，风餐露宿，那么辛苦，那么劳累，也只能解决温饱，没有任何积攒。在咱们这儿，你连一座蒙古包都没有。要孩子没错儿，可要了孩子你怎么养啊！"

达·巴特尔怒火中烧，瞪大眼睛吼道："不让要，你想让我断子绝孙？"

"让要，等你脱贫后再要可以吗？"

"脱贫？那是驴年马月的事儿！"达·巴特尔甩下这句硬邦邦的话，气哼哼地扬长而去。

现在，萨如拉图雅嘎查有了"流动扶贫羊群"，达·巴特尔就有了脱贫的希望，廷·巴特尔的眼前又浮现出达·巴特尔的身影。

　　廷·巴特尔决定把还在外面打工的达·巴特尔找回来，可达·巴特尔具体在什么地方打工，嘎查的人没有一个能说清楚的。

　　廷·巴特尔还是找到了达·巴特尔。

　　达·巴特尔做梦也没想过嘎查领导有一天会出现在他打工的地方，而当这一切都是真的的时候，这个憨厚而又刚烈的汉子紧紧抱住廷·巴特尔放声大哭，他的哭声震得旷野"嗡嗡"回响，他把心里的委屈、憋闷都哭出来了。

　　达·巴特尔夫妇回到萨如拉图雅草原，和"流动扶贫羊群"相依为命，把全部心思、全部心血、全部感情都投放到"流动扶贫羊群"上了，甚至住都和羊群住在一起。他们忠厚，也更为忠诚。

　　达·巴特尔的草场在萨如拉图雅嘎查最南端的沙窝子里，那里基本没路可走，出来进去都不容易。

　　廷·巴特尔到达·巴特尔的草场上来看望他，仅仅两个月的时间，达·巴特尔像变了个人似的，腰杆儿也直了，眼睛也亮了，精神也爽了！

两人席地而坐，开怀畅谈。达·巴特尔神采飞扬地说："我是从苦里熬出来的人，再苦再累也不怕，起多大早、贪多大黑、走多远路都不在话下。"说到这儿，他停下来看看廷·巴特尔的表情和反应，廷·巴特尔正在津津有味地听他讲，他接着说："眼下没问题，我担心的是冬天……"

达·巴特尔的"担心"也是廷·巴特尔的"担心"。

达·巴特尔刚从外地打工回来，家里一贫如洗，根本没有抵御风险和灾害的能力。

廷·巴特尔借到旗里开会的机会，以他个人的名义做担保，在农行为达·巴特尔借到一笔贷款。

好钢用在刀刃上，扶贫扶到根本上，贷款更要用在最需要的地方。

达·巴特尔的蒙古包虽破，但也能遮风挡雨，还能凑合着住。他那片几千亩的草场上空空荡荡，连棚圈的影儿也没有，羊群在野外过冬风险太大了。

廷·巴特尔计划先给达·巴特尔建个暖棚，以解当年冬天的燃眉之急。操作起来，却不像想象的那么简单。

达·巴特尔没有定居，还在跟群放牧。根据这个特定的环境和条件，暖棚必须是活动式的而且大小要适中。

廷·巴特尔设计出暖棚的样式，又买来制作活动暖棚所需要的角钢、铁皮、焊条等材料，自己"叮叮当当"地鼓捣起来。为最大限度地节省材料，每下一次料他都反复计算好几次，直到达到最精确、最准确为止。

焊花飞溅，焊枪如歌。经过十多天的努力，一个长 11 米、宽 6 米的铁皮暖棚焊接成功，如一件精雕细琢的工艺品吸引着人们欣赏的目光。

铁皮暖棚是在镇里焊接而成的，人们担心，这么个庞然大物，怎么运到 40 里外的沙窝子里去啊？

廷·巴特尔开着吉普车，吉普车后边儿挂上拖车，拖车后边儿挂上铁皮暖棚……

在没有路的沙地上行走，简直是挪动、蠕动，一点儿一点儿地前进，太阳刚出来就走，太阳下山才到，在路上整整磨了一天，没喝一口水，没吃一口饭的廷·巴特尔真是筋疲力尽了。

达·巴特尔看到廷·巴特尔累成这个样子，又感动又心酸，他哽咽着说："巴书记，你为我们家，真是心都操碎了！"

廷·巴特尔边捶打着又酸又痛的腰背边说："冬天下多大的雪，咱也不怕了！"

达·巴特尔夫妇都是养羊的高手、能手。那年冬天，尽管真有雪灾降临，他家的羊一只都没有损失，羊羔成活率达100%。这里，自然有达·巴特尔夫妇付出的巨大辛苦，但更重要的是廷·巴特尔设计、制作的暖棚，把严寒和风雪挡在外面，给羊群一个温暖的家。

那年，达·巴特尔纯收入1.8万元，还有80只羊羔儿，在通往富裕的大道上迈出了坚实的一步!

巴日玛也是萨如拉图雅嘎查的贫困户，但她却属于"另类"贫困户。

巴日玛和丈夫都是文化大革命前的老高中生，两个儿子、两个姑娘也都是高中毕业。丈夫早些年去世后，巴日玛就带着这4个孩子生活。

一家5口人都是高中生，巴日玛一家成为萨如拉图雅嘎查学历最高的家庭，有文化，有

△ 廷·巴特尔现代化的暖棚建设

知识。这样的家庭本应该是嘎查最富裕的家庭，而事实正好相反，她家是最贫困的家庭之一。

廷·巴特尔在研究、分析巴日玛家的状况，两个儿子都到娶媳妇的年龄了，但谁也不娶，他们的理由是娶回的媳妇得养活，如同背上"包袱"，还是这样轻松自在的好；两个姑娘也到出嫁的年龄了，但一个也不嫁，其理由是嫁出去就是给人家当"奴隶"。当"奴隶"怎么行？她们要做的是"公主"。

儿子不娶、姑娘不嫁的根源当然是巴日玛，娶是"包袱"、嫁是"奴隶"的"理论"就是她创造出来的。

是贫困就该扶，就得扶，就必须扶，廷·巴特尔这样做了，但没有任何效果。

腊月二十八日，镇里开会，春节前要把党的温暖和政府的关怀送到贫困户家中，巴日玛是重点贫困户，自然列在被慰问的行列中。镇里发放的慰问品是两件军大衣、两袋大米白面。那天，正好下大雪，刮白毛风，谁都不想去巴日玛家慰问。巴日玛是萨如拉图雅嘎查的贫困户，到她家慰问别无选择地落到廷·巴特尔的头上。

廷·巴特尔费劲巴力地把车开到巴日玛家门前，任你怎么鸣笛，屋里没有任何反应。无奈中，廷·巴特尔抱着两件军大衣走了进去，巴日玛正带领 4 个孩子热火朝天地打扑克呢！嘎查的党支部书记来了，一家人没有任何表情，近乎于麻木。

廷·巴特尔说："这是镇里发给你们的两件军大衣。"

巴日玛朝屋角努努嘴："放那儿吧！"

廷·巴特尔接着说："车上还有米、面呢！"他满以为，巴日玛会指使两个五大三粗、膀大腰圆的儿子去把米、面拿进来，按常理也该这样。巴日玛却说："那你就再给扛过来呗！"

廷·巴特尔气得眼睛冒火，真想大发雷霆之怒，臭骂她们一顿。转而一想，大过年的，自己又是来慰问的，何必生气，扛就扛吧！

廷·巴特尔把米、面给扛进来后，巴日玛看看面袋子说："巴书记，你们慰问的方式变一下就好了。以后不要送面，现在不是有速冻饺子吗？送些速冻饺子来，我们要省多少事儿啊！"

廷·巴特尔哑然，回去的路上他一直在苦笑。

巴日玛是最后得到"流动扶贫羊群"的，一年后嘎查组织检查时发现，不但没增加一只羔羊，那100只基础母羊剩下不到60只，检查组里的领导和牧民代表都气得咬牙切齿。巴日玛振振有词地说："你们给的都是母羊，没有种公羊，母羊怎么能怀孕？"

"缺的那 40 来只母羊呢？"

"有病死的，有冻死的，还有吃掉的！"

这样的贫困户是无底洞，任你怎么扶都扶不起来。廷·巴特尔决定把其余的羊收回来，以免全部"打水漂儿"。

第二年，镇里还是要求嘎查给巴日玛家"流动扶贫羊群"，廷·巴特尔虽然心里不情愿，但还是照着做了。他记得非常清楚，把"流动扶贫羊群"赶到巴日玛家的时间是 6 月 1 日，6 月 20 日，镇领导到巴日玛家了解情况时连一只羊都没有，于是，责问廷·巴特尔为什么没有落实镇里的扶贫精神？

廷·巴特尔坠入五里雾中，明明是给了 100 只羊，难道这羊长出翅膀飞走了？通过调查才知道，原来，羊群送到巴日玛家的第二天就被她包出去了，天哪！

廷·巴特尔无法再控制心中升腾着的怒火，他做事的风格就是当面锣对面鼓，什么都摆在明处。他在牧民大会上向全嘎查的牧民提出三条建议：第一条，谁也别借给巴日玛家一分钱；第二条，谁也别给巴日玛一碗茶喝；第三条，逢年过节谁也别和巴日玛家来往。

这是不得不使的下策，"断奶"疗法、"休克"疗法，置其死地而令其后生。

廷·巴特尔的这"三招"有点儿损，让巴日玛一家在全嘎查丢尽面子，同时也让她那生锈的心灵震颤起来。

几年后，巴日玛一家靠外出打工的积攒，也拥有了自己的羊群，也走出了贫困。

　　抗灾也是一种扶贫。

　　贫困往往是因为不可抗拒的自然灾害而造成的。

　　2001年1月，历史上极为罕见的一场特大暴风雪疯狂地向锡林郭勒草原袭来!

　　暴风雪就是灾难，没有经历过暴风雪的人根本无法理解暴风雪的暴戾、残忍和冷酷。呼啸而来的飞雪打得人们睁不开眼睛，张不开嘴巴，辨不清方向，草原上习惯地把这种暴风雪称为"白灾"。

　　萨如拉图雅嘎查一夜之间就被厚厚的雪尘包裹起来，成为一个与外界失去联系的冰雪世界。散落在这个"冰雪世界"里的牧户让廷·巴特尔牵肠挂肚!有没有断炊的?有没有迷路的?有没有棚圈倒塌的?

　　廷·巴特尔坐不住了，他把客货两用车发动起来，趁热车的空当，往车上装着米面、茶叶、炒米、奶油等日常生活用品。

　　廷·巴特尔要去哪儿，额尔敦其木格当然知道，但她必须阻止丈夫的行动，因为在这种连狼都不敢出来活动的恶劣天气里出门，潜在的危险太大了。一旦迷路或出现故障，那就意味着会有生命危险。在暴风雪中，我们不能拿生命开玩笑！

廷·巴特尔对妻子的关心和担心深怀感激，他同时更知道自己肩上的义务和责任。

廷·巴特尔安慰妻子："我在嘎查生活二十多年了，山山水水、沟沟壑壑都在我的心里，放心，不会有问题的！"

这时，客货车已经发动好，他坐进驾驶室，一踩油门，客货车犹如雄狮，一头冲进怒吼的暴风雪中。廷·巴特尔犹如"天外来客"出现在牧民家中，凡是他认为有困难、有危险的牧民家里他都去了。在最关键、最需要的时刻，为牧民送去了党的温暖和关怀，送去了牧民生活中紧缺的必需品。最后，当他走到贡斯玛额吉家时，已经完全变成一个"雪人"，眉毛、胡子上都是亮晶晶的冰茬儿。老人脱掉他的马靴，把他冻僵的双脚揽进怀里，用自己的体温温暖着……

2001 年，萨如拉图雅嘎查 24 户贫困户全部脱贫，人均收入达 3600 元，2008 年 8800 元，2011 年 1.5 万元。

生态草原

→ 不能让牧民像农民养猪那样养牛羊

★★★★★

肆虐的沙尘暴，频频敲响警钟。

严重沙化、退化的草原，直接威胁着牧民的生产和生活。

20 世纪末期，粗放式的经营管理以及盲目追求牲畜头数，萨如拉图雅草原退化、沙化程度达到 70%，1975 年，这片草原上牧草的种类多达 500 多种，2000 年时却不到 200 种，这种现象是令人触目惊心的。

草场的退化、沙化，不止是萨如拉图雅草原，萨如拉图雅草原仅仅是锡林郭勒草原的缩影而已。

2001 年 7 月，锡盟盟委、行署提出"围封禁牧，收缩转移，集约经营"的围封转移战略。盟委、行署站在全盟高度，从大局出发制定这样的政策无可厚非，但从萨如拉图雅嘎查的小环境来说，这不是上策。

廷·巴特尔坚定一个信念，搞草原生态建设没错，再不搞，草场将不复存在了。没有绿色，希望还有吗？但如何建设生态草原，方式、方法大有商量的余地，不能一个模式，不能"一刀切"，不能要求牧民像农民养猪那样养牛羊。

"不能要求牧民像农民养猪那样养羊！"

这是廷·巴特尔继"蹄腿理论"之后提出的又一科学论断。这一论断不是盲目提出的，他算过一笔账，农民大都拥有土地，主要

▷ 廷·巴特尔与作者阿勒得尔图在交谈

091

生态草原

靠种地维持生计和发家致富，而养猪则是副业。一户农民养上三五头猪，前期仅泔水就够了，育肥时加些精饲料就可以了。而牧民放牧牛羊则是主业，哪户牧民都有百十左右只的牛群或羊群，把牛、羊圈起来养，饲养成本太大，牧民根本承担不起。另外，一个牧民可以放牧上百只牛羊，但把上百只牛羊圈起来饲养，那种劳动量和劳动强度不是一个牧民所能承担的。更重要的是，人们之所以说草原上的牛羊肉好吃，是因为草原上的牛羊每天要吃上百种甚至几百种的草，喝的是含有不同矿物质的泉水。人们形容草原上的羊"吃的是中草药，喝的是矿泉水，拉的是六味地黄丸，尿的是太太口服液"。如果把牛羊圈起来养，饲料中还有这么丰富的营养吗？牛羊肉的品质还会让人们交口称赞吗？

萨如拉图雅草原退化、沙化的根本原因，是盲目追求头数畜牧业的恶果，是"蹄腿理论"还没有得到认真贯彻的恶果。

游牧民族最大的特点是游牧，而游牧的根本目的是对草场实施最为有效的保护。这千百年来在放牧实践中总结出来的宝贵经验，因条件、环境的变化而被挤到了边缘，挤到了角落，以至无人问津。

事实上，廷·巴特尔从 1990 年就开始在他的近 6000 亩草场上进行划区轮牧的科学发展实验，他把草场拦腰劈成两块，一块为冬春牧场，一块为夏秋牧场，经过一两年的实践，效果不是很理想，草场恢复的状态不是很明显，部分沙化比较严重的地方甚至没有恢复的迹象。他反复琢磨，划区轮牧的方向没有错儿，为什么效果不尽如人意呢？琢磨琢磨就发现了问题，是草场划分不尽合理，1992年，他又把草场划分为春、夏、秋、冬四块，真正按季节划区轮牧，几年过后，草场变好了，效益提高了。廷·巴特尔在初见成效的基础上并没有放弃进一步的探索。2006年，他把近6000亩草场一分为九，面积最大的是夏季草场1600亩，冬春草场1700亩，秋季草场700亩，打草场300亩，牛犊放牧草场两块共300亩，备用草场800亩，经济区400亩，生活区100亩，而且都隔以围栏，互不相属，相对独立。

廷·巴特尔在近6000亩草场上隔出9块大小不等的区域，犹如在偌大的画布上绣出9朵争奇斗艳、大放异彩的鲜花，让所有牧民们赏心悦目的同时也争先恐后地效仿。

为什么把草场划分为大小不等的9块，实践给出的答案最具说服力。

每年9月底，全部牲畜进入冬春季草场直到第二年5月底，放牧时间为8个月；从5月底到7月底进入夏季牧场，放牧时间为2个月；从7月底到9月底进入秋季牧场，放牧时间为2个月。这里还有两个好处，一是母牛产犊后将牛犊赶到专用草场放养，避免牲畜数量增加而对夏季草场有所破坏，另外，牛犊单放能够保证膘情，为安全过冬奠定基础。二是7月底就把畜群转移到秋季牧场上，这时正是草籽成熟时节，为自然播籽创造条件，牲畜不会把带有草籽的牧草全部吃掉，使草场始终处在有效保护中。300 亩打草场实行长年禁牧，产草量逐年增加，使冬季贮草全部实现自给，牲畜放养基本是零成本，但效益却是成倍增长。2012 年，廷·巴特尔出售牛犊 45 头，每头 4700 元，收入为 21 万元，出售成年牛 5 头，每头 8000 元，收入为 4 万元，合计金额为 25 万元，人均收入 12.5 万元。这是没有成本的收入，这是真正的纯收入。

草场的自我修复能力是超强的，只要给它修复的时间。廷·巴特尔把草场科学地划分为 9 块，每块草场都能得到相应的修复时间，仅几年的工夫他那曾经是全嘎查最差的草场就变成全嘎查最好的草场。还有，他精心培育出的新品种牛——西门塔尔蒙古牛的优势以最为凸显的经济效益显现出来，这种牛抗寒、抗旱、抗病、耐粗饲料的能力，是其他任何品种的牛不可比肩的。

2002 年春节刚过，廷·巴特尔看到时机成熟，趁着春节拜年的机会，他挨家挨户地做起工作来，动员牧民把羊全部卖掉，用卖羊的钱买牛。他又现身说法，母牛还是要买本地的，而种公牛一定要买西门塔尔牛。

　　榜样的力量是无穷的，榜样的作用最有说服力。廷·巴特尔向牧民承诺，如果养牛的收入不抵养羊的话，那部分损失我来给大家补偿。廷·巴特尔来到萨如拉图雅嘎查28年了，他从来没让牧民吃过亏，牧民也特信服他、佩服他。在不到一个月的时间内，牧民们卖掉3万多只羊，这个举动在锡林郭勒草原上是前所未有的，它所产生的震荡效应不但牧民受到冲击，就连盟委、行署的领导也为之振奋。

　　3万只羊，12万只蹄子啊！30万亩草场免遭12万只蹄子的踩踏，对草场来说那是多大的荣幸啊！即便是再买回几千头牛，那也是大大减轻了草场的负担和压力啊！但在养什么牛的问题上，廷·巴特尔又和盟里领导产生严重分歧，盟里领导要让萨如拉图雅嘎查的牧民都养黑白花奶牛，但廷·巴特尔坚决不同意。他据理力争，黑白花奶牛非常娇气，不耐寒，不抗病，不耐粗饲料。萨如拉图雅草原属于沙地草原，土质稀薄而又疏松，不适宜开垦，不适宜种植青贮饲料，这是一个重要的制约因素。另外，萨如拉图雅嘎查地处浑善达克沙漠边缘，连条像样的路都没有，车进不来，奶运送不出去，最后遭受损失的是牧民，牧民哪能经得起这样的损失啊！

　　谁也说服不了谁，最后盟委领导建议请专家来论证。盟里出面，从北京、呼和浩特请来十几名德高望重的畜牧专家，就养什么牛的问题展开热烈的讨论，最后达成共识，廷·巴特尔在萨如拉图雅草原上已经做过多年研究和探索，新型西门塔尔蒙古牛的优势和效益牧民们都看得清清楚楚，还有冒险的必要吗？就走这条路吧。

盟委领导是开明的，他们服从真理，相信科学，尊重知识。他们没有用权力强迫萨如拉图雅嘎查的牧民去养黑白花奶牛，而是支持、鼓励牧民们去养廷·巴特尔培育出的新品种——西门塔尔蒙古牛。

廷·巴特尔怎么做，牧民就跟着怎么做，萨如拉图雅草原 32 万亩草场全部实现网围栏，而且根据实际需要，条块分割，井然有序，草场植被覆盖度由原来的不足 20% 提高到现在的 40%。

32 万亩草场上只有 4800 头牲畜，平均每头牲畜拥有 66 亩草场，在某种意义上说，真正达到了草畜平衡。

廷·巴特尔可学的地方很多，但牧民们不能企及的地方也不少。2010 年秋，时任锡林郭勒盟盟长的张国华带着 20 多辆越野车来到廷·巴特尔家，就想亲眼看看廷·巴特尔的草场到底是怎么一番景象。那时，廷·巴特尔的牛群已经进入秋季牧场，浩浩荡荡的车队淹没在草丛当中，在通往秋季牧场的途中，张国华偶尔看到有狍子、獾子和狐狸等野生动物穿越，觉得非常意外，廷·巴特尔向他解释，生态恢复了，曾经断裂的生物链自然也能接上。进入秋季牧场，张国华看

△ 廷·巴特尔接受记者采访

看一头头吃饱喝足、滚瓜满圆的西门塔尔蒙古牛卧在一人高的草丛中，悠然自得地倒嚼，他顿时兴奋起来、激动起来，把随行的记者叫到跟前："什么是生态畜牧业? 廷·巴特尔给出了答案。草场这么好，牛的膘性这么好，这就是抗御自然灾害的条件和基础，希望你们以科学的态度进行采访，以科学的视角进行报道。"

张国华回到廷·巴特尔家里时一个新的思路已经形成，他对廷·巴特尔说："盟里在你这儿建个牧民大讲堂，全盟的旗县、苏木、嘎查领导及有代表性的牧民轮流来你这里听课，你就现身说法,给他们讲讲如何建设生态草原,如何走草畜平衡的科学发展之路! "

牧民大讲堂已经投入使用，全盟嘎查长以上的领导几乎都在这牧民大讲堂里听过课。仅洪格尔高勒镇就有7个嘎查实施"增牛减羊"计划，在科学养畜的路上迈出关键性的一步。

大年初二，副盟长斯琴毕力格轻车简从地悄然来到廷·巴特尔家里，他是分管畜牧业的副盟长，他更想知道和了解廷·巴特尔建设生态草原的情况。

在皑皑的雪地上，他看到初生的牛犊正在那里撒欢儿，他看到打草场上的草一行行整齐有序地摆在那里，他看到一头头肥硕的西门塔尔蒙古牛在严寒中悠然自得，这一切让他高兴。但他考虑的或许更多一些，更远一些，更实际一些。

斯琴毕力格语重心长地对廷·巴特尔说："喜马拉雅山的珠穆朗玛峰海拔8000多米，那也有人能登上去，但你要知道，不是所有的人都能登上去啊！你是榜样，你是旗帜，你怎么做，牧民怎么学，这很好，你把一个嘎查都带富了，功不可没。但你想过没有，秋天不贮草，牲畜也没有棚圈，一旦遇到大灾，所有的牧民都能扛得住吗？"

不能，真的不能！

廷·巴特尔立即明白了斯琴毕力格的意思，一开春，他就率先高标准建起防晒、防雨、防鼠贮草库，并动员牧民建设标准化棚圈。现在，萨如拉图雅嘎查100%的牧户拥有了棚圈，100%的草场实现了网围栏。

廷·巴特尔不无自豪地说："这回，我们嘎查什么灾害也不怕了！"

萨如拉图雅嘎查所有牧民的羊群在一年内全部变成了牛群，这无疑是破天荒的历史性变革，也可以称为一场草原革命，萨如拉图雅嘎查党支部、村委员所拥有的"扶贫羊群"在这历史巨变中也变成了"扶贫牛群"。就在这时，廷·巴特尔得到一次出国考察的机会，新西兰畜牧业规模化、集约化的成功经验对他启发很大。回到萨如拉图雅嘎查后，他首先把自己的感受和想法讲给"两委"成员听，然后在牧民中广泛宣传，最后达成共识，引进现代化经营模式和手段，以集体经济为大股东，吸纳自愿入股的牧民注册成立萨如拉牛业有限责任公司，制定出更为科学的扶贫政策，仍以承包为主，承包的前 3 年不收租金，3 年后公司按承包基础母牛头数 20% 的比例向承包者收回牛犊，基础母牛的其他收入和 80% 的牛犊归承包者所有，这种以公司模式运转的创新扶贫方式成为建设社会主义新牧区的重要措施。

牛业公司的强势发展，成为引进资金的"源头活水"，利用自筹和引进的资金，公司先后建起黄牛冷配基地和肉牛育肥基地。冷配基地作为自然交配的补充，2004 年以后，牛的改良比重达 98%。

➜ 草原上的生态鱼塘

★★★★★

廷·巴特尔是个闲不住的人，不但脑子闲不住，身子也闲不住。草场好了，牧民富了，他打心眼儿里高兴，但他认为不能小富则安，小富即安，富没有止境。基于这样的思考，他又创造性地在自己的草场里挖出一个直径8米、深度4米的鱼塘，悠然自得地做起养鱼的实验来。

高格斯台河横穿廷·巴特尔的草场，他在河东侧50米的地方挖出这个鱼塘，但他不在河里筑坝，不截流河水，而是通过地下自然渗水而满足鱼塘所需的水量。鱼塘用水问题解决以后，下一步也就是解决鱼食问题，这也是他萌发养鱼想法的关键所在。

夏天草原上的昆虫特别多，虽然没有详细统计，但绝不少于几百种。廷·巴特尔意识到，这东飞西飞的昆虫实际上是一种自然资源，不

△ 廷·巴特尔养殖的生态鱼

△ 自行设计挖掘的生态养鱼塘

利用就是浪费。他在鱼塘中投放草鱼、鲵鱼、鲤鱼、鲫鱼进行混养，什么鱼都吃昆虫，但昆虫不会自己飞到鱼的嘴里去。廷·巴特尔在鱼塘旁安装一个可控的风力发电装置，然后贴着水面拉起一串小灯泡，晚上灯一亮，各类昆虫都争先恐后地扑向光明，它们没有想到的是在瞬间就已葬身鱼腹。第二天，鱼塘上面便漂浮起一层千姿百态的昆

△ 独具匠心的昆虫喂鱼法

虫翅膀，看着都有一种诗情画意的美感。廷·巴特尔又是个较真儿的人，他想测算出鱼儿一夏到底能吃掉多少昆虫，头一天他把漂浮在鱼塘水面上的昆虫翅膀打捞得干干净净，第二天早晨再去打捞重新漂浮在鱼塘水面上的昆虫翅膀，不称不知道，一称吓一跳，居然50多公斤，天哪! 保守地计算，就算昆虫翅膀是昆虫

体重的 1/10，那一晚上吃掉的昆虫就达 500 公斤，一个月就是 1500 公斤，一个夏天就达 4500 多公斤。

　　廷·巴特尔养鱼和养牛一样，基本是零成本，春天昆虫没起来前，他把牧草投放到鱼塘里，草鱼吃草后所产生的有机物质可以提供给其他鱼类，每年 10 月初至第二年 5 月底是鱼的禁食期，只要保证鱼类赖以生存的氧气就够了。冬季鱼塘结冰后就慢慢地往起隆，最高能鼓起 2 米，它的好处是可以更充分地吸收阳光以便制氧。草原冬天雪多雪大，冰面上一旦覆盖上雪层，就会影响阳光的照射，鱼类的氧气就面临"断炊"的危险。所以，一下雪就必须扫雪，下一场扫一场，坚持住，鱼类就不会有损失。

　　春天冰一化，河水的自压又把鱼塘里的水挤到外面，实现自然循环。含有有机化合物的鱼塘肥水流进草场，又使草场的养分得以增加，一连串的连锁反应所产生的就是生态效益，最为难能可贵的是这种利国利民的生态效益除鱼苗外，基本没有什么经济投入，只要你思考和付出一定的劳动就行。

　　廷·巴特尔的生态鱼极为走俏，产量不多但价格昂贵，是一般鱼的几倍甚至十几倍，但仍是一"鱼"难求。

　　生态养鱼，在萨如拉图雅嘎查又成为一个新兴的产业。高格斯台河流经 50% 牧户的草场，也就是说，50% 的牧户有开发生态养鱼的水源条件，一旦利用起来，那又将是一笔极为可观的经济收入。

风景这边独好

☆ ☆ ☆ ☆ ☆

廷·巴特尔是沿着浑善达克沙地边缘走进萨如拉图雅草原的。萨如拉图雅嘎查213平方公里的面积中就有一部分包括浑善达克沙地，这部分沙地人们习惯地称为"沙窝子"，所谓"沙窝子"，在某种意义上又是贫穷、贫困的代名词。

沙尘暴之源，令浑善达克沙地声名鹊起，但人们给予它的多是诅咒。

廷·巴特尔也在关注浑善达克沙地，他的关注与众不同，他关注的是浑善达克沙地千百年来深藏不露的美丽和这美丽所能带来的惊人效益，一句话，他要把"沙窝子"变成"金窝子"，历史和机遇又让廷·巴特尔成为浑善达克"点沙成金"的先驱者

▷ 北国江南
乌力雅斯台

之一。

　　浑善达克沙地有着独特的、丰厚的旅游资源。

　　在第四纪冰期和青藏高原隆起的大背景下形成和演变而来的浑善达克沙地，是我国十大沙漠沙地和内蒙古四大沙漠沙地之一，已经历二十多万年的沧桑岁月。

　　二十多万年的沉淀，使浑善达克沙地形成固化沙地阔叶林景观、固化沙地疏林景观、沙地夏绿灌木丛景观、沙地禾草木景观、沙地半灌木半蒿类景观和裸沙景观等多种自然景观。

　　浑善达克沙漠是有水沙漠，沙漠有水，堪称奇观。

　　浑善达克沙漠里的泉水达 108 眼之多，其中最为神奇的是查干诺尔湖和德格力图湖。

查干诺尔湖周围遍地是芦苇和蒲草，每到春季都有大批候鸟前来传宗接代，是名副其实的候鸟王国。

德格力图湖深不见底、深不可测，有人用 15 米长的绳索系石头也没能探到底，周围都是沙坨子，但从来都没有被淤塞过。这里出产的鲫鱼曾是清王朝皇室的贡品。

春天百鸟集翔，夏天蜂蝶舞动，秋天层林尽染，这是多么理想的去处啊！

浑善达克沙地深处的乌里雅斯台和查干宝力格是最具旅游元素的两个去处，但无论是洪格尔高勒镇还是萨如拉图雅嘎查，都没有通往这两个去处的道路，平时进入都是以马代步，运送东西则全凭牛车在沙窝子里缓慢地爬行。显然，如果开发旅游，首先要修路，只有路通了，车才能进，人才能进，旅游才能火起来。意念中的这把"火"让廷·巴特尔燃烧起来，他多次跑到旗里、盟里和自治区有关部门，申请项目，恳请支持，最终争取到从洪格尔高勒镇到乌里雅斯台长达 30 多公里的小油路项目。

得到国家的支持，牧民却不以为然，在牧民的心里还没有旅游这个概念。修路必然要占用草场，还在道路刚刚开始勘探设计的时候，一些牧民"理直气壮"地站出来百般刁难。牧民的刁难让廷·巴特尔在施工队伍面前很失面子，尽管如此，廷·巴特尔还是庄严地向施工队伍承诺，不会因为牧民的不理解而影响工程进度。

牧民要求补偿，廷·巴特尔就在应不应该补偿、如何补偿上和牧民进行沟通。他首先找到闹得最凶的那几个牧民，让他们每人报出拥有的草场亩数。草场是牧民的命根子，这个观点早已深入人心，所以谁家有多少亩草场每个人都记得牢牢的，不假思索地都报了出来。

廷·巴特尔说："能记住自家草场有多大，你们都是好牧民，但你们报的数字中有水分，知道吗？"

"水分？"这几个牧民真有些丈二和尚摸不着头了，他们把充满疑惑的目光齐刷刷地投向廷·巴特尔，他们知道答案肯定在廷·巴特尔身上。

廷·巴特尔的语速很慢，但铿锵有力："1993 年重新划分草场时，我们嘎查核定的草场面积是 30 万亩，对吧？嘎查还有 2 万亩可供流转的草场，但这 2 万亩草场嘎查没有留，全都分下去了。人均多分 60 多亩，在座的诸位掰着指头算算，你们谁家没多分一二百亩啊！国家、集体给你们好处的时候是大方的、慷慨的、不计回报的。而国家、集体需要你们做出一点点牺牲的时候，你们就闹得天昏地暗，拍拍良心，这样做合适吗？最多一家占用一两亩草场，值得你们这样挖心挖肝地难受吗？"说到这儿，廷·巴特尔停下来，给大家留点思考的时间，然后又充满感情地说："再说了，路修通了，旅游搞起来了，大家还会有新的收入，草场的这点儿损失一定能补回来。另外，外面的文明之风、新鲜之风吹进来，也会让我们大开眼界，外面的世界精彩得很哪！"

廷·巴特尔这一冷一热的两段话，犹如重锤敲在每个人的心里，只要不是"闷葫芦"总会有所反应。况且，凡是带头闹事儿的，都是有思想的人。这时，有人坐不住了，站起来对廷·巴特尔说："廷书记，你刚才算的那笔草场账，我没有算过，所以想不通。经你这么一算，我明白了，不是国家想占我们的便宜，是我们占着国家的便宜。廷书记，你说吧，我们听你的！"

这就是牧民的纯朴，这就是牧民的品质，这就是牧民的性格。当他们认识不到位时，或许有些过激过火的言行，但他们一旦想明白了，心里敞亮了，他们会以极大的热情投入其中的。在一年的时间内，从洪格尔高勒镇到乌里雅斯台的小油路和从萨如拉图雅嘎查到乌里雅斯台的沙石路相继修通，这就把北京和锡林浩特市与浑善达克沙地深处的旅游景区有机地联系起来了，廷·巴特尔锁定的客源目标就是北京的自驾游和锡林浩特的家庭游。

路修通了，景区规划好了，景点建成了，但谁来经营呢？谁来做这第一个"吃螃蟹"的人呢？廷·巴特尔最先动员搞旅游经营的是照日格图这个"国家的孩子"。有人带头，就有人跟进，现在，旅游区里蒙古包星罗棋布，直接从事"牧民之家"旅游经营的牧户达七八家，安排富余劳动力三十多人，年接待游客两万多人次，实现旅游收入 25 万多元。

△ 别具一格的户外卫生间

天下游客来到浑善达克沙地深处的旅游景区，垂青的是景区没有人工雕琢的天然景观，垂青的是没有任何污染的绿色食品。

萨如拉牛业有限公司的活力再次显现出来，西门塔尔蒙古牛属于肉乳兼用型，旅游旺季也是乳牛产奶高峰期，公司成立乳制品加工销售协会，把牧民用传统工艺自制的各种奶食品统一销往景区景点，这些奶食品没有任何添加剂，是真正意义上的绿色食品，所以备受游客青睐，几乎是生产多少就能销售多少，嘎查 80% 的牧户都成为奶食品的加工网点，每年传统奶食品的创收都在 70 万元以上，户均收入近 8000 元。

旅游就是让人们看风景，小油路进入景区的两侧是裸露的明沙，沙漠里有沙子是再自然不过的事情了。但从旅游意义上讲，小油路两侧的明沙显得有点不协调，需要点缀一下，廷·巴特尔是种树高手，他立即想到了沙地柏，萨如拉图雅嘎查是锡林郭勒盟沙地柏培育基地，他利用这得天独厚的条件在小油路两侧大力种植沙地柏，多发性侧枝、斜生丛状树形的沙地柏，蓊蓊郁郁、莽莽苍苍地铺在起起伏伏的沙丘上、沙梁上，青翠，鲜绿，眼光搭上去，就能感觉到一丝的温润和清凉。

歇牛亭，是廷·巴特尔在乌里雅斯台景区的又一杰作。现在，进入景区的是宝马、奔驰、路虎等各种高级汽车，牛车的历史得以终结。但老牛和牛车为这里做出的贡献不该忘记、应当铭记。廷·巴特尔选择一处沙岗，用大理石建造一座歇牛亭，憨态可掬的老黄牛静卧其中，而这《歇牛亭铭》则是廷·巴特尔的千金阿拉腾陶格斯的手笔。

尾　声

→ 夫妻情深

★★★★☆

2002 年 6 月 27 日，北京人民大会堂座无虚席，廷·巴特尔身着蓝色蒙古袍，健步走上主席台，台下顿时响起了雷鸣般的掌声，廷·巴特尔先进事迹全国巡回报告从此拉开序幕。

北京、上海、天津、山东、宁夏，不管巡回到哪儿，廷·巴特尔的感情都是那么纯真，语言都是那么质朴，正是这纯真和质朴，无论在哪里，赢得的都是鲜花、掌声和欢呼声。廷·巴特尔的先进事迹深入人心，廷·巴特尔的精神鼓舞人心。时代需要廷·巴特尔，时代更需要廷·巴特尔精神！

当人们还沉浸在廷·巴特尔感天动地

的事迹中时，廷·巴特尔也满载收获回到萨如拉图雅嘎查，几百名牧民身着节日盛装夹道欢迎凯旋的廷·巴特尔，那场面令人感动，廷·巴特尔的脸上挂满灿烂的笑容，眼角闪烁着幸福的泪花。他接过额尔敦其木格递来的一束鲜花的同时，也给额尔敦其木格一个深深的拥抱。

夜深人静。

额尔敦其木格依偎在廷·巴特尔的怀里，一股幸福和自豪的暖流涌遍她的全身，她催促丈夫给她讲讲这一个多月在外面的所见所闻，

△ 夫妻一起拍草原

她期待着和丈夫一同分享快乐。

廷·巴特尔脸上的笑容渐渐退去，取而代之的是近乎严肃的表情："其木格，我们离婚吧！你先向组织上提出来，什么条件我都答应你！"

额尔敦其木格从嫁给廷·巴特尔那天就没想过离婚，萨如拉图雅草原上几乎没有离婚的女人。他们夫妇也曾议论过婚姻问题，廷·巴特尔给她的承诺是永远爱她。她对"永远"的理解是一辈子，直到老去、死去。难道"永远"就是这么二十几年吗？

额尔敦其木格表现出少有的恼怒和激动，翻身坐起，厉声责问廷·巴特尔："为什么要离婚？"

廷·巴特尔也坐起来，面对暴怒的妻子，他掏出心窝子里的话："其木格，过去我们的日子虽然苦一些，但还是清静的。以后恐怕不行了，全国重大典型，就意味着全国各地的人都有可能来这里参观、学习，也许还有老外。这里的清静就会被热闹所代替，我怕你受不了啊！"

额尔敦其木格转怒为喜，原来丈夫是在为她着想，她又偎在丈夫身边："有人来，咱们就接待呗！来多少接待多少，不就是累点儿吗？我们都是累出来的人，还怕累吗？"

廷·巴特尔知道妻子会这样，但他还是很感动，他心中突然萌生出一种愧疚，这么多年来，为了事业，为了草原，他真有些愧对这位勤劳而又贤淑的妻子啊！

廷·巴特尔出任嘎查长时还不到 30 岁，计划生育在牧区也是"老大难"，当时苏木领导动员额尔敦其木格担任萨如拉图雅嘎查的计生员，而且是没有任何报酬的。廷·巴特尔夫妇对苏木领导的安排心知肚明，那就是希望萨如拉图雅嘎查计生工作能有起色，给整个苏木带个好头!

阿拉腾陶格斯刚刚 1 岁多一点儿就被爷爷、奶奶接到城里去了，额尔敦其木格何尝不想再生一个孩子啊! 她是牧民，她说不出更多的道理，但她知道肩上担子的分量，她知道一个计生员的责任和义务。上任没几天，她就到苏木领了独生子女证，成为洪格尔高勒苏木第一个领取独生子女证的家庭。正是这样率先垂范的模范行为，使萨如拉图雅嘎查没有出现一次违反计划生育政策的现象，成为洪格尔高勒苏木乃至阿巴嘎旗计划生育战线上的一面旗帜。正当额尔敦其木格的工作开展得有声有色的时候，廷·巴特尔对她说:"计生员这活儿咱别干了，让给别人吧! "

额尔敦其木格不解地说 :"为什么呀? "

廷·巴特尔告诉她，上边儿有新精神，计

生员每年也要给适当的经济补助。

额尔敦其木格说："这么多年我没拿补助照样把活儿干得风风光光的，现在有补助了，我拿份补助也是应该的呀！"

廷·巴特尔却不这么想，他说："我是支部书记，已经拿一份补助了，咱们嘎查拿国家补助的人本来就没几个，我们一家就有两个人拿国家的补助，这样不好吧？"

额尔敦其木格不是想要那几个钱，她是舍不得这份差事。廷·巴特尔趁机给妻子戴起"高帽儿"："女人的事儿你最懂，看谁家媳妇、姑娘合适，你推荐个人选，然后，你可以给她当顾问啊！"

就这样，廷·巴特尔说服额尔敦其木格在计生员的岗位上主动退了下来。

时光荏苒，转眼廷·巴特尔夫妇也都年过半百了，身体状况也大不如从前了。凡有人来，额尔敦其木格都要亲自熬茶、煮肉、敬酒，让每一位客人感受到牧区的热情。客人散去，忙碌一天的额尔敦其木格累得腰酸背痛、筋疲力尽，躺在床上哼哼呀呀。廷·巴特尔实在不忍心让相濡以沫的妻子如此透支体力和生命，他对妻子说："现在路通了，开车到镇里也就是十几分钟的工夫。以后再有客人来不要在家里做饭了，咱们到镇上请客吧！"

廷·巴特尔笑谈生死，他说："我身板硬朗，但黄泉路上没老少，万一我先走了，我可放心不下老伴儿！"

廷·巴特尔为额尔敦其木格办了养老保险和医疗保险，这是他唯一使用过的一次"特权"。事实上，只要符合条件，任何人都能享受养老保险和医疗保险。

与黄菊对话

☆☆☆☆☆

2003年，廷·巴特尔当选为第十届全国人民代表大会代表。走进庄严的人民大会堂，履行人大代表的神圣职责，使他备感光荣。

会议期间，中共中央政治局常委、国务院副总理黄菊来到内蒙古代表团驻地，和内蒙古代表共同讨论《政府工作报告》。

黄菊在讲话中说，西部大开发已经进行了3年，内蒙古在项目推进上已经取得一定的成绩和成就，这一点党中央、国务院已经给予了充分的肯定。国务院决定，从今年开始，把国家西部大开发支援内蒙古的资金削减 50%。

黄菊传达的是国务院的决定。既然国务院已经做出决定，内蒙古党委、政府就必须无条件执行。这似乎是惯例，所以，对黄菊的讲话内蒙古党委书记、政府主席没有表示任何异议。廷·巴特尔沉不住气了，他按下话筒的按键，直接表达自己的意见："我对黄菊副总理的讲话有意见！"

黄菊恐怕在任何场合都没有听到过这样直截了当的反对意见，黄菊愕然，所有代表的脸上也都泛起一层愕然，仿佛空气都凝固了似的。一向温文尔雅的黄菊略显激动："你叫什么名字呀？说说你的反对的理由！"

廷·巴特尔说："国家把内蒙古列入西部大开发是好事，在 3 年的开发中内蒙古也得到了好处，得到了实惠。但在这个节骨眼儿上，削减 50% 的资金，那势必要出现'半截子工程'，上上不去，下下不来，最终损失的还是国家。我说的不一定对，表达的也是我个人的意见，请中央领导给予考虑！"

黄菊听完廷·巴特尔的发言后说："廷·巴特尔同志的发言很直率、很真诚，这种态度应该给予肯定。但我刚才宣布的决定是国务院做出的，我个人无权擅自更改，但我会把廷·巴特尔同志的意见带回国务院讨论，6 天后我再来内蒙古代表团传达讨论结果。"

黄菊一走，廷·巴特尔立刻被代表们围了起来，因为他道出了内蒙古所有代表的心声。有人和他开玩笑地说:"廷·巴特尔,你吃豹子胆了,竟敢当面顶撞国务院副总理?"

廷·巴特尔也不无诙谐地回敬道:"我哪里敢顶撞副总理,只是说话不会拐弯儿,直来直去罢了!副总理不会把我留在北京,不让我回去放牛吧?"

话音刚落,又引来一阵笑声。

6天后,黄菊如期而至,他满面春风地告诉大家,国务院经过研究、讨论,同意廷·巴特尔的意见,不削减资金,继续支持内蒙古的开发建设,希望内蒙古的明天更加美好!

掌声,雷鸣般的掌声响彻会场。

→ 都是记者"惹的祸"

★★★★★

2006 年盛夏，中央电视台"十大名嘴"之一的王志从北京打来电话，要对廷·巴特尔进行采访，并计划录制《面对面》节目，廷·巴特尔断然拒绝王志的采访要求，因为当时廷·巴特尔正在和一个中央媒体的记者生闷气。

事情的原委是这样的。

前不久，一个中央媒体的记者来采访廷·巴特尔，碰巧廷·巴特尔不在，这位记者就和额尔敦其木格攀谈起来。

额尔敦其木格用非常生硬的汉话回答问题，有时还不得不辅以必要的手势。一两个小时的谈话下来，累得额尔敦其木格的舌头都硬了。

当记者问及如何评价廷·巴特尔这个全国重大典型时，快人快语的额尔敦其木格说道："自从他成为全国重大典型后，我们家就很少有安静的时候，除了接待就是接待，太麻烦了！"这大概是她要发的牢骚，牢骚过后，额尔敦其木格接着说："虽然对我们家没什么好处，但对我们嘎查、苏木、旗里、盟里那好处就大了。因为他的名气和影响，我们嘎查通了电、修了路，出出进进方便多了。他和上边儿熟，认识的领导多，旗里、盟里经常拉他出去跑项目，要说是贡献的话，这也应该是贡献吧！"

无疑，额尔敦其木格用最朴素的牧民语言表达了她对丈夫的评价和敬仰。但这位记者出于猎奇，在写稿时并没有完全转述额尔敦其木格的意思，而是有意识地断章取义，极力渲染额尔敦其木格所说的给她家带来的麻烦和苦恼，甚至描绘出廷·巴特尔不堪重负的疲惫样子。但却只字不提额尔敦其木格谈论的廷·巴特尔的贡献和奉献。

说来也巧，这篇稿子被时任中央政治局常委、国家副主席的曾庆红看见了。曾庆红认识廷·巴特尔，熟悉廷·巴特尔，因而也给予廷·巴特尔特别的关心和爱护。曾庆红认为，不能让一个全国重大典型和全国劳动模范这样不堪重负，背着沉重的包袱工作和生活。于是，他给时任内蒙古党委书记的储波写信，要求内蒙古党委尽快为廷·巴特尔"减负解压"，储波责成锡林郭勒盟委具体落实。锡盟盟委、行署组成十多人减负团，由盟委副书记、行署副盟长带队来到萨如拉图雅嘎查，来为廷·巴特尔"减负"。

面对"减负团"，廷·巴特尔的心情特别复杂。首先是感动，自己是一个普普通通的牧民，在草原上生活几十年，所做的也都是一个牧民应该做的事情。能够得到中央领导、自治区领导的关心你不能不感动。中央领导面对全国，自治区领导面对全区，他们工作那么忙，让他们为自己操心，真有点过意不去。另外，他希望新闻报道真实客观，如果这篇报道能够真实客观的话，就不会让中央领导和自治区领导分心了。

廷·巴特尔推心置腹地和"减负团"说："我没什么负担，谁到这儿来我都欢迎。这几年我接待的人多了，新疆的、青海的、西藏的、海南的，到处都有。人家声称到这儿是来学我的，我可能有的地方值得他们学习。他们来自天南地北、四面八方，每人带来一点儿不同于萨如拉图雅的信息那就不得了，那就让我眼界大开，这不是好事儿吗？"

"减负团"的成员大都认识廷·巴特尔，他们在和廷·巴特尔的交谈中也的确认为没有什么"负"可"减"，都是那个记者断章取义"惹的祸"。

廷·巴特尔虽然没有好气地说不接受王志的采访，王志还是带着他的《面对面》团队来到了萨如拉图雅草原，这或许就是人们常说的那种执着，那种敬业，抑或说是那种"职业病"。

王志的切入点是草原，而一提起草原，廷·巴特尔就显得特别兴奋。你不得不服王志的老到和功夫，居然能让廷·巴特尔在摄影机前挥洒自如、谈笑风生。

王志就是在这样循循善诱中梳理出廷·巴特尔的成长轨迹和奋斗历程。

采访结束，王志说："你并没有想象中的那么凶！"

廷·巴特尔说："你却比想象中的要好！"

这对话颇为精彩，为这精彩的对话两人开怀大笑起来。

△ 廷·巴特尔给记者介绍自家草场

憧憬新牧区的未来

★★★★★

　　廷·巴特尔出任嘎查长时还能偶尔报销一两次旅差费，因为他前边儿还有嘎查党支部书记，他可以向党支部书记申明情况。自 1993 年出任党支部书记的近二十年时间里，廷·巴特尔没在嘎查报过一分钱，廉政，真正的廉政，廉政到令人敬畏的程度。不报销不等于没有开销，起初，廷·巴特尔每次出差回来，还都把条子整理好、算清楚，整整齐齐地放在固定的地方。常年累月，积攒起来的发票、单据厚能盈尺。

　　看到廷·巴特尔又一次整理完出差的票据，额尔敦其木格禁不住地问道："你每次出差都把票据理出来，理了那么多，谁给你报销啊！"

是啊，谁给我报销啊！想到这儿，廷·巴特尔情不自禁地笑出声来。自己是嘎查党支部书记，是嘎查的"最高首长"，只要在这个岗位上，就不能在集体的账里报销一分钱，这是他给自己定的规矩。既然不想报销，那么，统计来统计去的还有什么意义吗？

廷·巴特尔佯装认真地对额尔敦其木格说："钱都花了，这账也得报啊！"

额尔敦其木格一下子就戳穿了他的"鬼把戏"："报，当然得报，我不是早就给你报了嘛！"

额尔敦其木格把所有的票据付之一炬，让这些数字在火光中化为灰烬。

自己的得失无足轻重，廷·巴特尔思考的是社会主义新农村、新牧区建设中村、嘎查领导干部的机制体制问题。往大里说，他这也是在为党、为国家操心呢！

廷·巴特尔担任嘎查长和嘎查党支部书记近三十年，工资从当初的40元慢慢调到现在的1000元。他从来没计较过工资的多少，但自从配备"大学生村官"后他逐渐产生一种不平衡的心理状态，嘎查的主要工作仍然是党支部书记、嘎查长来做，嘎查的各种矛盾包括邻里纠纷也还都得党支部书记、嘎查长来解决，但党支部书记、嘎查长所拿到的工资仅仅是"大学生村官"的一半，甚至还不到一半，这就造成一种事实上的不平等、不公平。"大学生村官"又往往都是过渡，不可能在农村或牧区长期工作，也不可能成为农村、牧区的梯队干部和后备人才，这是现实，这是无法回避的现实。不论理论上如何阐述"大学生村官"的重要，但农村、牧区的实际是这些"大学生村官"不可能在新农村、新牧区建设中发挥重要作用。廷·巴特尔多次向上级党组织进言，农村、牧区的基层干部还得在农村、牧区的优秀青年中发现和培训，因为他们人在农村、牧区，心也在农村、牧区。他们才是农村、牧区的希望和未来！

乌力格尔是被列入国家级非物质文化遗产的蒙古族说唱艺术，达胡巴雅尔是札鲁特旗著名的乌力格尔说唱艺人，他要用乌力格尔的艺术形式讴歌廷·巴特尔，传颂廷·巴特尔。

历史上许多英雄都是这样走进史诗的，廷·巴特尔也将这样走进史诗。

后　记

萨如拉图雅草原的灵魂

　　写完《廷·巴特尔》，如释重负，真想一醉方休。但是不能这样，因为还有话要说。

　　2012年4月9日，我接到吉林文史出版社副总编辑王尔立女士从长春打来的电话，请我承担《100位新中国成立以来感动中国人物》丛书中《廷·巴特尔》的创作任务。我想，吉林文史出版社之所以把这个任务交给我，大概是因为2002年我曾写过一篇关于廷·巴特尔的长篇通讯《月光之歌》。

　　我和尔立素昧平生，她就把这样一个重要任务压在我的头上，只能理解为一种信任。不管有多少困难，面对这种信任，我别无选择，只能把这任务接过来，并努力去完成。我答应的那一刻，想必尔立也会心地笑了! 时隔两天，尔立将《杨靖宇》《陈景润》的样稿发来供我参考，可谓关心备至，细致入微。

　　我和廷·巴特尔有过接触，也写过关于他的报道，但却如蜻蜓点水般浮光掠影，所了解的程度和所掌握的素材，离一部传记的要求相差甚远。但对完成任务我还是充满信心的，因为身边有一部萨仁托雅和杜梅合著的《草原之子——廷·巴特尔》，2002年10月由内蒙古科学技术出版社出版。萨仁托雅是我尊重的老大姐，杜梅既是朋友又是老乡，借鉴、参考甚至化用她们著作中的故事和情节，是我创作的坚实基础。当然，对廷·巴特尔进行深入采访更是必要。

我通过内蒙古党委宣传部文艺处副处长图·巴特尔的介绍，与阿巴嘎旗委常委、宣传部长包文霞取得联系，驱车500多公里，于2012年7月3日到达阿巴嘎旗。让我感动的是，在我还没有到达阿巴嘎旗之前，包文霞已就相关的采访事宜做出具体安排。我刚在她的办公室落座，她就滔滔不绝地讲起廷·巴特尔的故事，她的情绪使我深受感染。

廷·巴特尔虽然是一个嘎查的党支部书记，但绝不像人们想象的那样轻松和悠闲，一句话，忙得很。如若对他进行采访，必须得有旗宣传部的正规安排。还好，旗委宣传部办公室主任秦振斌和廷·巴特尔特熟，是可以称兄道弟的朋友，因为这种关系，廷·巴特尔答应给我一天的采访时间。当一天的时间过去时，我觉得采访刚刚开始，我想知道的事情和细节还有很多，便提出奢望，再给我一天时间。

廷·巴特尔没有立即答应也没有立即拒绝，这就为秦振斌的斡旋提供了空间。廷·巴特尔的日程确实排得很满，但近期要到旗里办事。利用在旗里办事的机会，我又见缝插针地和廷·巴特尔侃谈起来。侃谈中，他不乏诙谐和幽默，但更多的是睿智和豁达。

廷·巴特尔不想当官儿，但全嘎查的牧民都选他。当官儿后，他没有辜负牧民的希望和企盼，他把所有的牧民都带进了富裕和文明。他今年57岁，要像国家干部一样在60岁退休，这恐怕不太可能，牧民们或许不会答应他退休，因为他是萨如拉图雅草原的灵魂。

/100位

新中国成立以来感动中国人物/

丁晓兵　马万水　马永顺　马恒昌　马海德　中国女排五连冠群体

孔祥瑞　孔繁森　文花枝　方永刚　方红霄　毛岸英

王　杰　王　选　王　瑛　王乐义　王有德　王启民

王进喜　王顺友　邓平寿　邓建军　邓稼先　丛　飞

包起帆　史光柱　史来贺　叶　欣　甘远志　申纪兰

白芳礼　任长霞　刘文学　刘英俊　华罗庚　向秀丽

廷·巴特尔　许振超　达吾提·阿西木　邢燕子　吴大观

吴仁宝　吴天祥　吴金印　吴登云　宋鱼水　张　华

张云泉　张秉贵　张海迪　时传祥　李四光　李春燕

李桂林和陆建芬夫妇　李素芝　李梦桃　李登海　杨利伟

杨怀远　杨根思　苏　宁　谷文昌　邰丽华　邱少云

邱光华　邱娥国　陈景润　麦贤得　孟　泰　孟二冬

林　浩　林巧稚　林秀贞　欧阳海　罗映珍　罗健夫

罗盛教　草原英雄小姐妹　赵梦桃　钟南山　唐山十三农民

容国团　徐　虎　秦文贵　袁隆平　钱学森　常香玉

黄继光　彭加木　焦裕禄　蒋筑英　谢延信　韩素云

窦铁成　赖　宁　雷　锋　谭　彦　谭千秋　谭竹青

樊锦诗

图书在版编目（CIP）数据

廷·巴特尔 / 阿勒德尔图著. -- 长春：吉林文史
出版社，2012.1（2022.4重印）
（100位新中国成立以来感动中国人物）
ISBN 978-7-5472-1231-8

Ⅰ．①廷… Ⅱ．①阿… Ⅲ．①廷·巴特尔－生平事迹
－青年读物②廷·巴特尔－生平事迹－少年读物 Ⅳ．
①K827=7

中国版本图书馆CIP数据核字（2012）第246975号

廷·巴特尔

TING BATEER

著/ 阿勒德尔图
选题策划/ 王尔立　责任编辑/ 王尔立 李洁华 任玉茗
装帧设计/ 韩璘
出版发行/ 吉林文史出版社
地址/ 长春市福祉大路5788号　邮编/ 130118
电话/ 0431-81629363　传真/ 0431-86037589
印刷/ 天津海德伟业印务有限公司
版次/ 2012年11月第1版 2022年4月第5次印刷
开本/ 640mm×920mm　1/16
印张/ 9　字数/ 100千
书号/ ISBN 978-7-5472-1231-8
定价/ 29.80元